COF CENEDL XII
YSGRIFAU AR HANES CYMRU

Yr Athro Gwyn A. Williams (1925-95).

COF CENEDL XII

YSGRIFAU AR HANES CYMRU

Golygydd
GERAINT H. JENKINS

Gwasg Gomer

Argraffiad cyntaf—1997

ISBN 1 85902 458 0

© Gwasg Gomer 1997

Dymuna'r cyhoeddwyr gydnabod cymorth
Adrannau Cyngor Llyfrau Cymru.

Argraffwyd gan
Wasg Gomer, Llandysul, Ceredigion

A chymerwch hyn yn lle rybydd y cenyf vi: a nyd achubwch chwi a chweirio a pherfeithio r iaith kyn daruod am y to ys ydd heddio, y bydd rhyhwyr y gwaith gwedy.

William Salesbury

Y gorffennol yw'r hyn yr ydych yn ei gofio, yn dychmygu eich bod yn ei gofio, yn eich argyhoeddi'ch hun eich bod yn ei gofio, neu yn cymryd arnoch eich bod yn ei gofio.

Harold Pinter

Cymerwch gysur. Fe fu ein cyndadau ar y ffordd hon o'r blaen. Ennill wnaethon nhw yn y diwedd. A dyna a wnawn ninnau.

Gwyn A. Williams

Cynnwys

Lluniau

Rhagair

Neilltuir y golofn hon eleni i goffáu ac i werthfawrogi athrylith greadigol y diweddar Athro Gwyn A. Williams, a fu farw mor gynamserol yn Nhŷ Dyffryn, Dre-fach Felindre, ar 16 Tachwedd 1995. Anodd gorbwysleisio pwysigrwydd cyfraniad yr hanesydd disglair hwn. Cofiwn, yn gyntaf oll, am ei ddysg lydanwedd ac ystod eang ei ddiddordebau. Ysgrifennodd yn gyfareddol o wybodus am gomiwnyddion yr Eidal, *sans-culottes* Ffrainc, gwerin-bobl Llundain, deallusion America a radicaliaid Cymru. Yr oedd yr un mor gartrefol yn trafod Karl Marx a Saunders Lewis, Francisco Goya ac Owain Glyndŵr, Benjamin Franklin a Niclas y Glais. Arferai un o'i arwyr pennaf, Antonio Gramsci, alw pobl fel hyn yn 'ddeallusion organig', a glynodd Gwyn fel gelen wrth ddamcaniaethau'r Marcsydd o Sardinia. Yn wir, credai ei bod hi'n gwbl bosibl 'ysgrifennu hanes y Cymry yn nhermau ei deallusion organig'. Yn ail, cofiwn am ei ddawn gyfathrebu. Go brin y bu erioed hanesydd o Gymro a chanddo'r fath ddawn i groniclo a chyflwyno hanes—mewn print ac ar ffilm—mor fywiog a gafaelgar. Er bod anian yr ysgolhaig yn gryf iawn ynddo, yr oedd hefyd yn boblogeiddiwr heb ei ail. Hoffai ei alw ei hun yn gofiadur y bobl ac mewn cyfresi teledu megis *The Dragon has Two Tongues* dangosodd fod hanes ein gwlad yn rhywbeth byw a bywiol iddo. Yr oedd ganddo ddawn y cyfarwydd: gallai adrodd stori drwy wau ffaith a ffuglen i'w gilydd mor ddeheuig nes peri i'r gwrandawr ymgolli'n llwyr yn y dweud afieithus. Pan fyddai yn ei hwyliau, byddai ei lygaid yn fflachio a'i freichiau yn chwifio fel melin wynt, a'r atal-dweud fel petai ar yr un pryd yn dwysáu ac ysgafnhau'r llifeiriant geiriol. Gŵr ydoedd o egni ffrwydrol, bwrlwm creadigol a direidi rhyfygus. Llifai syniadau dadleuol a phryfoclyd o'i enau a'i ysgrifbin. Yr oedd yn feistr ar yr ymadrodd deifiol a'r ffraethineb chwim, ac nid yn aml y mae dyn yn taro ar gymaint o frawddegau mewn llyfrau hanes sy'n peri iddo chwerthin yn uchel wrth eu darllen. Yn drydydd, llosgai ynddo gariad angerddol at ei wlad a'i phobl, ac y mae ei falchder yn ei dras a'i gefndir i'w ganfod yn holl weithiau'r bachgen bach hwn o Ddowlais. Ni ellir amau na fu ei lyfrau a'i ffilmiau, yn ogystal â'i ymgyrchoedd gwleidyddol tanbaid, yn foddion i gryfhau ein hymwybod â'n hunaniaeth fel cenedl. Gyrrid ef yn ei flaen gan arwyddair y Ffrancwr, Romain Rolland: 'pesimistiaeth y deall, optimistiaeth yr ewyllys', ac er bod ynddo, fel yn achos sawl athrylith arall (gan gynnwys ei arwr Iolo Morganwg) elfen hunanganolog a phengaled, brwydrodd yn ddiarbed, yn enwedig o 1979 ymlaen, yn erbyn yr anghyfiawnder a'r annhegwch sy'n llesteirio'n bywyd cenedlaethol. Ac yntau mor hoff o dynnu blewyn o drwyn y Sefydliad Cymreig, ni fu erioed yn uchel ei fri ymhlith rhai academwyr cysetlyd, ond y mae'r ffaith fod cynifer o alarwyr o gefndiroedd tra amrywiol wedi ymgynnull yn amlosgfa Arberth i dalu'r gymwynas olaf yn tystio bod y cawr bychan hwn wedi gwneud argraff annileadwy ar ei bobl. Y mae ein byd yn llawer tlotach o'i golli, oherwydd nid oedd ond un Gwyn Alf.

Pleser yw nodi bod *Cof Cenedl* yn ymddangos yn rheolaidd yng ngholofn 'Gwerthwyr Gorau' Canolfan Cyngor Llyfrau Cymru a gyhoeddir yn *Llais Llyfrau*, a gobeithio bod rhywbeth at ddant pawb i'w gael yn y rhifyn presennol. Fel y gŵyr y cyfarwydd, nid gwaith undydd unnos yw casglu a golygu deunydd ar gyfer rhifynnau blynyddol o'r gyfres hon, ac y mae'n dda gennyf gydnabod unwaith yn rhagor y cynhorthwy anhepgor a gefais gan Aeres Bowen Davies, Siân Evans, Dyfed Elis-Gruffydd, Glenys Howells a Dewi Morris Jones. Mawr yw fy niolch hefyd i'r cyhoeddwyr am eu cydweithrediad ac i'm teulu am eu hir amynedd.

Gŵyl Owain Glyndŵr, 1996   *Geraint H. Jenkins*

Y Cyfranwyr

Dr JANE AARON, Uwch-ddarlithydd, Adran y Saesneg, Prifysgol Cymru Aberystwyth.

Dr DAVID W. HOWELL, Darllenydd, Adran Hanes, Prifysgol Cymru Abertawe.

Mr DANIEL HUWS, Cymrawd er Anrhydedd, Canolfan Uwchefrydiau Cymreig a Cheltaidd Prifysgol Cymru.

Mr GWYN JENKINS, Ceidwad Adran y Llawysgrifau a Chofysgrifau, Llyfrgell Genedlaethol Cymru, Aberystwyth.

Mr GERALD MORGAN, Tiwtor, Adran Addysg Barhaus, Prifysgol Cymru Aberystwyth.

Dr CEN WILLIAMS, Cyfarwyddwr Canolfan Bedwyr, Prifysgol Cymru Bangor.

Dymuna'r golygydd a'r cyhoeddwyr ddiolch i'r canlynol am ganiatâd i atgynhyrchu'r lluniau hyn:

Adran Hanes, Prifysgol Cymru Abertawe: Rhif 18.
Canolfan Uwchefrydiau Cymreig a Cheltaidd Prifysgol Cymru: Rhifau 4, 5.
Cyngor Llyfrau Cymru: wyneb-lun.
Gerald Morgan: Rhif 11.
Llyfrgell Genedlaethol Cymru: Rhifau 1, 2, 3, 6, 7, 8, 9, 10, 12, 13, 14, 15, 16, 17, 19, 20, 21, 22, 23, 24, 25, 26, 28, 29, 31, 32, 33, 34, 35, 36.
Plaid Cymru: Rhif 30.
Ysgol Glan Clwyd: Rhif 27.

LLYFRAU CYMRAEG YR OESOEDD CANOL

Daniel Huws

Gruffud ap Llywelyn ap Phylip ap Trahayarnn o Kantref Mawr a beris yscrivennu y llyvyr hwnn o law ketymdeith idaw, nyt amgen gwr ryoed agkyr yr amsser hwnnw yn Llandewyvrevi, y rei y meddyanho Duw y heneideu yn y drugared. Amen. Anno domini MCCC Quadragesimo Sexto.

Llyfr Ancr Llanddewibrefi

Ni raid llên wrth lyfrau. Y mae llenyddiaeth mewn llawer iaith yng ngwledydd Affrica, a gofnodwyd gyntaf oddi ar dafodleferydd yn yr hanner canrif diwethaf, yn dyst i hyn. Eto, ceir hen bartneriaeth rhwng llenyddiaeth Gymraeg a llyfrau, un sy'n ymestyn dros o leiaf fil o flynyddoedd, yn gyntaf mewn llyfrau llawysgrif, yn fwy diweddar mewn llyfrau print, a chyn bo hir (ac ystwytho'r gair 'llyfrau' ryw ychydig) ar ddisgiau caled. Byddai rhai ysgolheigion yn dadlau hyd yn oed fod traddodiad ysgrifenedig llenyddiaeth Gymraeg yn ymestyn yn ôl bron hyd at ei dechreuad yn y chweched ganrif. Anodd profi neu wrthbrofi hyn.

Daeth llythrennau a'u defnydd i Brydain gyda'r Rhufeiniaid. Lladin oedd yr iaith, a phapyrws (a wneir o fath o frwyn) oedd y deunydd cyffredin yr ysgrifennwyd arno. A bod angen cofnodi testun hir, y ffurf a arferid oedd y rhôl. I ni heddiw, nid rhôl ond gwrthrych a chanddo ddail a meingefn a chloriau yw llyfr. Dyma'r ffurf a elwir yn dechnegol yn godecs (*codex*). Enillodd ei blwyf, a deunydd ei ddail yn awr yn femrwn (o grwyn anifeiliaid) yn hytrach na phapyrws, tua'r bedwaredd ganrif, ar ddiwedd cyfnod rheolaeth Rufeinig ym Mhrydain. A'r garfan o blith dinasyddion yr Ymerodraeth a fabwysiadodd y ffurf a'r deunydd rhagorol hyn ar gyfer cofnodi eu llên oedd y Cristnogion. Glynodd yr hen fonedd Rhufeinig yn geidwadol wrth ffurf y rhôl a fu'n perthyn mor hir i draddodiad clasuron llenyddiaeth Groeg a Lladin.

Crefydd llyfr yw Cristnogaeth, yn yr un modd ag y mae Iddewaeth a Mohametaniaeth: y mae iddi ei Hysgrythur Lân. Cristnogaeth oedd mamaeth llenyddiaeth Gymraeg, hyd yn oed lle'r oedd ei sylwedd yn gyn-Gristnogol, fel yn achos *Pedair Cainc y Mabinogi*. Yr oedd eisoes le cysegredig a symbolaidd i'r llyfr fel cyfrwng gair Duw pan oedd llenyddiaeth Gymraeg yn ei chrud. Nid oes ond rhaid meddwl am y llyfrau efengylau ysblennydd a gynhyrchwyd ym Mhrydain ac Iwerddon yn yr wythfed a'r nawfed ganrif er mwyn sylweddoli maint y parch y gellid ei roi i lyfr. Yn rhyfedd braidd, ymhen canrifoedd fe ddeuwn, gyda'r llyfr

3

cynharaf o farddoniaeth Gymraeg, sef Llyfr Du Caerfyrddin, wyneb yn wyneb â ffenomenon nid annhebyg. Yn nechrau'r llyfr hwnnw ysgrifennir y farddoniaeth mewn sgript na fyddai neb yn yr oes honno yn disgwyl ei gweld, ac eithrio ar gyfer yr Ysgrythur mewn Beibl mawr neu ar gyfer Canon yr offeren mewn misal. Dyna awgrym o'r statws yr oedd y gŵr ecsentrig a gynullodd y Llyfr Du yn ei roi i farddoniaeth yn ei iaith frodorol.

Damwain yw fod y Gymraeg gynharaf mewn llyfr yn digwydd mewn cyfrol sy'n enghraifft o'r math o lyfr efengylau y soniwyd amdano, un a fuasai'n symbol ac yn grair yn ogystal â bod yn destun ysgrifenedig. Rhywbryd tua dechrau'r wythfed ganrif fe wnaethpwyd llyfr efengylau gogoneddus—ni wyddys ym'hle (yng Nghymru o bosibl, yn Lloegr yn ôl rhai)—llyfr sy'n aelod o'r teulu o lyfrau efengylau sy'n nodi uchafbwynt crefft gwneuthur llyfrau yn hanes cynnar Iwerddon a Phrydain, un y mae llyfrau efengylau Kells a Lindisfarne yn aelodau enwog ohono. Ers dros fil o flynyddoedd y mae'r hanner sy'n weddill o'r llyfr hwn wedi ei gadw yn eglwys gadeiriol Caerlwytgoed; gelwir ef weithiau yn *Llyfr Sant Chad*, ar ôl enw nawddsant yr eglwys honno. Tua'r flwyddyn 800, sut bynnag, yr oedd y llyfr hwn yn cael ei gadw yn 'eglwys Teilo', a gwyddom mai Llandeilo Fawr oedd hon. Yno, defnyddiwyd gofod gwyn ar ambell dudalen yn y llyfr i gofnodi memoranda yn Gymraeg. Y mae'r cynharaf ohonynt, ein 'Cymraeg gynharaf', yn hysbys inni dan enw sy'n tarddu o'r gair agoriadol, *Surexit*.

Disgynnydd diweddar yn y traddodiad a gynrychiolir gan Lyfr Efengylau Caerlwytgoed yw Llyfr Llandaf, un o'r ffynonellau pwysicaf am iaith Gymraeg y ddeuddegfed ganrif. Ysgrifennwyd y llyfr hwn yn Llandaf tua chanol y ganrif. Dogfennau sy'n ymwneud â hawliau esgobaeth Llandaf yw'r prif gynnwys, yn fucheddau nawddsaint Llandaf a chofnodion rhoddion tiroedd i'r eglwys dros y canrifoedd, a'r elfen ysgrythurol yn y llyfr wedi crebachu erbyn hyn i un efengyl yn unig. Lladin yw prif iaith y dogfennau yn Llyfr

Llandaf, ond bod ynddynt dalpiau sylweddol yn Gymraeg, ac un ddogfen, *Braint Teilo*, yn gyfan gwbl Gymraeg.

Rhaid aros am ryw gan mlynedd ar ôl amser cynhyrchu Llyfr Llandaf cyn inni gwrdd â'r llyfrau cyntaf y gellir eu disgrifio yn llyfrau Cymraeg. Cawn sôn am y rheini yn y man. Ond yn gyntaf fe ddylid crybwyll bod (ar wahân i Lyfr Efengylau Caerlwytgoed a Llyfr Llandaf) ryw bymtheg o lyfrau Lladin eraill cyn 1200 sy'n cynnwys rhywfaint o Gymraeg. Mewn rhai, nid oes ond glosau, sef geiriau Cymraeg sy'n esbonio geiriau anodd yn y testun Lladin. Mewn rhai, ceir darnau yn Gymraeg wedi eu hychwanegu yn ymyl y tudalen. Gyda'r mwyaf gwerthfawr o'r rhain y mae'r enghreifftiau cynharaf o farddoniaeth Gymraeg, 'Englynion y Juvencus', a gofnodwyd tua diwedd y nawfed neu ddechrau'r ddegfed ganrif mewn llyfr yn cynnwys gwaith y bardd Lladin Juvencus. Deuwn yn ymwybodol o bosibiliadau testunau Cymraeg coll trwy oroesiad yr enghraifft gynharaf o draethawd yn Gymraeg (er nad yw ond dryll o destun); esboniad ydyw ar gyfrif cwrs y lleuad, yn dyddio o tua hanner cyntaf y ddegfed ganrif (fe gyfeirir ato fel dryll y *Computus*). Ffaith annisgwyl efallai yw fod cyfartaledd uchel o'r ychydig lawysgrifau Lladin cynnar sydd o darddiad Cymreig yn cynnwys testunau gwyddonol.

Wrth sôn am lyfrau Cymraeg yr Oesoedd Canol, rhaid cofio o hyd cyn lleied yw eu nifer. Rhyw 160 sydd wedi goroesi, cyfran fechan, yn sicr, o'r nifer a fodolai ar un adeg; felly, darlun anghyflawn sydd gennym ar y gorau. Mewn perthynas â llyfrau, ceir dyddiad penodol y gellir ei gynnig i ddynodi diwedd yr Oesoedd Canol, sef 1539, pan ddiddymwyd y mynachlogydd mawrion (yr oedd y rhai bychain eisoes wedi eu diddymu), gan chwalu'r rhan fwyaf o'r ychydig lyfrgelloedd sefydliadol a oedd yn bodoli yng Nghymru. Ond llyfrau Lladin, wrth gwrs, fyddai mwyafrif mawr y llyfrau yn y llyfrgelloedd hyn; yr oedd llyfrau Cymraeg yn gyffredinol brin a llawer ohonynt eisoes ym meddiant lleygwyr. Sôn yr ydym felly am ryw 160 o lyfrau, a hwythau wedi eu cynhyrchu dros gyfnod o ryw dair canrif.

Cyn dechrau ystyried y llyfrau hyn, y mae'n briodol bwrw
golwg yn ôl i'r cyfnod cyn tua 1250 a holi'r cwestiwn: a'r
Cymry'n medru ysgrifennu Cymraeg ers canrifoedd, onid
oedd yna lyfrau Cymraeg yn ogystal â llyfrau Lladin a oedd
yn digwydd cynnwys peth Cymraeg? Y mae'r dystiolaeth, o
sawl math, yn bendant o blaid ateb cadarnhaol: rhaid derbyn
bod llyfrau Cymraeg ar gael ymhell cyn 1250 a'u bod wedi eu
difa'n llwyr.

Ar ddiwedd y ddeuddegfed ganrif cyfeiriodd Gerallt Gymro
at hen lyfrau achau (hen, sylwer) a oedd gan y beirdd, ac
mewn lle arall llawenhaodd oherwydd iddo ddarganfod llyfr
yn cynnwys proffwydoliaeth Myrddin (gan sylwi ar yr un
pryd mai ar lafar yn unig y cedwid y farddoniaeth fel arfer).
Yn gynharach yn y ganrif ceir cyfeiriad enwog Sieffre o
Fynwy at ffynhonnell ei hanes, sef yr hen lyfr *in lingua
Britannica*, 'yn yr iaith Brydeinig', sy'n awgrymu'n gryf fod
llyfrau Cymraeg yn hysbys hyd yn oed os mai gwaith ffug
Sieffre oedd y gyfrol neilltuol honno. Wedyn ceir tystiolaeth
o fath gwahanol yn rhai o'r testunau Cymraeg cynnar eu
hunain a gedwir mewn llyfrau o'r drydedd a'r bedwaredd
ganrif ar ddeg: yn y rhain ceir gwallau a llygriadau na ellir
mo'u hesbonio ond trwy ddyfalu bod y trosglwyddiad
llawysgrifol yn mynd yn ôl o leiaf i'r ddeuddegfed ganrif pan
ddefnyddid sgript ynysol. Y mae'r cyfeiriad cyntaf sydd
gennym at feirdd Cymraeg wrth eu henwau, yn yr *Historia
Brittonum* o'r nawfed ganrif, yn haws ei ddeall os derbyniwn
fod testunau ysgrifenedig o'u gwaith ar glawr yr adeg honno.
Yn wir, y mae rhai ysgolheigion wedi dadlau o'r newydd yn
ddiweddar fod tystiolaeth ieithyddol testunau megis *Y
Gododdin* yn awgrymu bodolaeth ysgrifenedig yn gynnar
iawn yn hanes trosglwyddo'r farddoniaeth honno.

Ffaith drawiadol am Gymraeg y llyfrau cynharaf yw fod y
Gymraeg yn ymddangos ynddynt o'r cychwyn yn iaith
ystwyth a phur safonol (o ran iaith, nid orgraff), heb fawr
amrywiaeth tafodieithol. Yn hyn o beth gellir ei gwrth-
gyferbynnu â Saesneg yr un cyfnod, a oedd yn bell o fod wedi
ymffurfio yn iaith safonol. Diau fod a wnelo disgyblaeth

crefft y beirdd ar y naill law, a defnydd yr iaith ar gyfer Cyfraith Hywel ar y llaw arall, ag aeddfedrwydd cynnar y Gymraeg, ond prin y gallai hi fod wedi cyrraedd y fath aeddfedrwydd heb fod iddi draddodiad ysgrifenedig hir. Pan ddeuwn, felly, at ganol y drydedd ganrif ar ddeg a chael yn sydyn fod rhyw ffrwydriad cynhyrchu llyfrau Cymraeg, rhaid cofio am y rhagflaenwyr anweledig.

Dwy o wledydd gorllewin Ewrop a fu'n amlwg ar y blaen yn cofnodi llenyddiaeth eu hieithoedd brodorol, sef Iwerddon a Lloegr. Ceir ar glawr lenyddiaeth sylweddol o'r ddwy wlad mewn llyfrau a ysgrifennwyd erbyn tua 1100, ac y mae'r rheini ar gael o hyd. Gwlad dlotach oedd Cymru. Eto, gellid disgwyl na fyddai'r sefyllfa o ran cofnodi llenyddiaeth yr iaith frodorol yn sylfaenol wahanol i honno yn y gwledydd cyfagos. Hwyrach fod y llyfrau Cymraeg yn llai niferus, ond y mae'r diflaniad llwyr yn galw am esboniad.

Yng Nghymru, oddeutu'r ddeuddegfed ganrif, o dan ddylanwadau Normanaidd, daeth chwyldro yn nulliau cynhyrchu llyfrau. Un peth amlwg a newidiodd oedd y llawysgrifen. Disodlwyd y sgript ynysol, sef y sgript a fu'n gyffredin i'r gwledydd Celtaidd, ac i Loegr hithau trwy ddylanwad cenhadon Gwyddelig, ac yn ei lle daeth y sgript Garolaidd gyfandirol (sef y sgript sy'n sylfaen i'r print sydd o'ch blaen). Niwlog yw hanes y proses disodli oherwydd prinder tystiolaeth. Yn raddol, yn sicr, byddai'r sgript ynysol wedi dod yn ddieithr i ddarllenwyr Cymraeg; yn raddol, byddai'r hen lyfrau yn cael eu hesgeuluso. Yn Iwerddon, yn wahanol i Gymru, ni ddisodlwyd y sgript ynysol; parhaodd trwy'r Oesoedd Canol a daeth yn gyfrwng llyfrau print.

Yn Lloegr, fel yng Nghymru, y sgript Garolaidd a enillodd y dydd. Ond yno, mewn amgylchiadau gwahanol, diogelwyd llawer o lyfrau Hen Saesneg yn y sgript ynysol. Yn Lloegr, yn y mynachlogydd Benedictaidd mawr, ceid llyfrgelloedd a gawsai lonydd a pharhad o'r ddegfed ganrif hyd ddiwedd yr Oesoedd Canol. Yn y rhain cafodd hen lyfrau mewn ysgrifen annealladwy loches i gysgu trwy'r canrifoedd, nes cael eu darganfod â chyffro gan ysgolheigion y Dadeni. Yng

Nghymru, ar y llaw arall, prin fod unrhyw barhad o
lyfrgelloedd y cyfnod cyn-Normanaidd, sef llyfrgelloedd y
clasau, i lyfrgelloedd y drefn eglwysig a'r urddau newydd a
ddaeth i Gymru dan ddylanwadau Eingl-Normanaidd. Rhaid
sylwi hefyd fod y difrod a wnaed i dai crefydd trwy ryfel a
gwrthryfel lawer gwaeth yng Nghymru nag yn Lloegr. I
grynhoi: yn Iwerddon ceid parhad sgript, yn Lloegr ceid
parhad llyfrgelloedd; yng Nghymru ni cheid y naill na'r llall.

Trown felly yn awr at ganol y drydedd ganrif ar ddeg, sef
blynyddoedd olaf Llywelyn ab Iorwerth a'r cyfnod terfysglyd
a ddilynodd ei farwolaeth, ac esgyniad awdurdod Llywelyn ap
Gruffudd. Yn y cyfnod hwn, yn fras, y gosodir y to cyntaf o
lyfrau yn yr iaith Gymraeg. Os edrychwn am funud ar y
cefndir a oedd yn gyffredin i wledydd gorllewin Ewrop,
gallwn ddweud mai'r ddeuddegfed ganrif oedd canrif fawr
cynhyrchu llyfrau gan fynachlogydd, a bod y gweithgarwch
hwn ar drai yn y drydedd ganrif ar ddeg. Aeth cynhyrchu
llyfrau yn llawer mwy masnachol, a'r canolfannau masnach
oedd y dinasoedd lle'r oedd y sefydliadau newydd hynny, y
prifysgolion, wedi cael eu sefydlu. Byddai llawer o lyfrau
Lladin o Baris a Rhydychen a Bologna yn cylchredeg yng
Nghymru erbyn 1250. Ond o ran cynhyrchu llyfrau yng
Nghymru, diau mai'r mynachlogydd oedd y prif ganolfannau
o hyd. Fe welodd y drydedd ganrif ar ddeg gynnydd mawr
cyffredinol mewn cynhyrchu llyfrau yn yr ieithoedd
brodorol, ond gan amlaf mewn llyfrau digon amrwd eu golwg
o'u cymharu â'r llyfrau Lladin gorau. Y tebyg yw mai
crefftwyr a oedd yn gysylltiedig â mynachlogydd a oedd yn
gyfrifol am y rhan fwyaf o'r llyfrau Cymraeg cynnar.

Gellir pwysleisio'r tro ar fyd a ddigwyddodd tua chanol y
drydedd ganrif ar ddeg trwy nodi hyn: er nad oes yr un llyfr
Cymraeg y gellir ei ddyddio cyn tua chanol y ganrif, y mae
dros hanner cant y gellir eu dyddio rhwng tua 1250 a thua
1350. I'r can mlynedd hyn y perthyn mwyafrif mawr ein
llawysgrifau gwerthfawrocaf, gan gynnwys Llyfr Du
Caerfyrddin, Llyfr Aneirin, Llyfr Taliesin, Llawysgrif
Hendregadredd, Llyfr Gwyn Rhydderch, Llyfr Ancr

1 Llyfr Du Caerfyrddin (Peniarth 1, ff. 52). Marwnad Madog ap Maredudd gan Gynddelw.

Llanddewibrefi, heb sôn am y llawysgrifau lle y ceir testunau pwysicaf Cyfraith Hywel, *Brut y Brenhinedd* a *Brut y Tywysogyon*. Dyma hufen llenyddiaeth Gymraeg gynnar. Nid safon lenyddol llyfrau y can mlynedd hyn yn unig sydd mor nodedig o uchel, ond hefyd safon cynhyrchiad y llyfrau. O ran diwyg a llawysgrifen y maent yn rhagori, yn gyffredinol, ar y llyfrau Cymraeg a gynhyrchwyd yn ystod y ddau gan mlynedd canlynol (gwaetha'r modd, nid yw'n bosibl eu cymharu â'r llyfrau Cymraeg a oedd yn eu blaenori).

Nid oes esboniad syml am y cynnwrf a ddaeth i blith gwneuthurwyr llyfrau yng Nghymru tua chanol y drydedd ganrif ar ddeg a'r blodeuo sydyn. Ni ellir ond cynnig rhai sylwadau. Yn ystod y drydedd ganrif ar ddeg lledaenwyd defnydd llyfrau a dogfennau yn rhyfeddol (yn enwedig yng nghylchoedd y prifysgolion ac archifau); ac yr oedd hefyd yn ganrif a ddaeth â hyder newydd i gofnodi llenyddiaeth ieithoedd brodorol. Yng Nghymru, wedyn, oherwydd y sefyllfa wyneb yn wyneb â'r Saeson, yr oedd ymwybyddiaeth arbennig o hanes a phroffwydoliaeth, a dyfnhaodd hynny ar ôl 1282; hefyd, rhaid bod ymwybyddiaeth ymhlith llawer fod yr etifeddiaeth lenyddol dan ryw fath o fygythiad.

Ni ellir dweud pa un yw'r llyfr Cymraeg cynharaf, ond wrth fwrw golwg sydyn dros y to cyntaf o lyfrau Cymraeg, priodol fyddai sylwi yn gyntaf ar dri llyfr sydd yn waith un dyn, yn gweithio hwyrach yn abaty Sistersaidd Glyn-y-groes, ger Llangollen. Cyfieithiadau i'r Gymraeg o waith enwog Sieffre o Fynwy, *Historia Regum Britanniae*, yw dau o'r llyfrau hyn (llawysgrifau Peniarth 44 a Llanstephan 1), ac, yn rhyfedd braidd, dau gyfieithiad annibynnol o'r testun sydd ynddynt. A barnu wrth nifer y llawysgrifau, nid oedd testun Cymraeg mwy poblogaidd yn yr Oesoedd Canol na hanes Sieffre, yn ei amryfal fersiynau, dan y teitl cyffredinol *Brut y Brenhinedd*. Llyfr Cyfraith Hywel, a'r testun Cymraeg cynharaf ohoni, yw'r trydydd llyfr gan yr ysgrifwr hwn, llawysgrif BL (Llyfrgell Brydeinig) Cotton Caligula A.iii. Llyfrau cyfraith yw'r dosbarth amlycaf ymhlith llyfrau'r to cyntaf (yn wir, y mae rhyw chwarter o'r holl lyfrau canoloesol Cymraeg yn llyfrau cyfraith). Dau arall yw Llyfr Du'r Waun (Peniarth 29) a Llyfr Colan (Peniarth 30) a gellir ychwanegu at y rhain dri llyfr yn cynnwys fersiynau Lladin ar Gyfraith Hywel, sef 'Lladin A' (Peniarth 28, un o'r ychydig lyfrau canoloesol Cymraeg sy'n cynnwys cyfres o ddarluniau, yn cynrychioli swyddogion y llys), 'Lladin B' (BL Cotton Vespasian A.xi) a 'Lladin C' (BL Harley 1796). Yn y to cyntaf hwn saif un llyfr sy'n nodedig am ei odrwydd a'i hynodrwydd, y mwyaf diddorol ohonynt i gyd, sef Llyfr Du Caerfyrddin (Peniarth 1).

Bydd golwg rhyw un neu ddau o dudalennau Llyfr Du Caerfyrddin yn gyfarwydd i bron pob darllenydd (atgynhyrchwyd enghreifftiau ohonynt lawer tro): yr ysgrifen yn fawr fel mewn llyfr plant ac ambell ddarlun bach od yn ymyl y tudalen. Nid yw'r llyfr mewn unrhyw ffordd yn nodweddiadol o lyfrau canoloesol, mewn unrhyw iaith. Y mae'r casgliad cyntaf sydd gennym o farddoniaeth Gymraeg yn llyfr ar ei ben ei hun, yn waith ysgrifwr a oedd ar yr un pryd yn gynullydd, yn hel ei ddeunydd dros gyfnod hir ac o ffynonellau amrywiol. Blodeugerdd bersonol ydyw, yn cynnwys cymysgedd o ganu chwedlonol, canu crefyddol, canu brud, canu mawl (ceir tair cerdd gan Gynddelw), a hyd yn oed barodi. Ym mhriordy Awstinaidd Caerfyrddin y cedwid y Llyfr Du ar ddiwedd yr Oesoedd Canol. Eglwyswr o ryw fath, yn sicr, oedd ei wneuthurwr; dichon mai un o ganoniaid Awstinaidd priordy Caerfyrddin ydoedd.

Bellach trafodwyd y to cyntaf o lyfrau Cymraeg, ond ni chrybwyllwyd ar ba dir y pennir pa lyfrau sy'n perthyn iddo. Mewn llyfr print y mae disgwyl medru darganfod dyddiad a man cyhoeddi ar sail yr hyn a elwir yn goloffon. Rhywbeth a gymerwyd o'r traddodiad llawysgrifol gan yr argraffwyr cynnar yw'r coloffon (fel llawer sy'n nodweddu llyfrau print). Ond rhywbeth na fu erioed yn gyffredin yn y traddodiad llawysgrifol Cymraeg ydyw, yn enwedig yn y llyfrau cynnar. Dwy lawysgrif yn unig cyn 1450 sydd â choloffon (ond rhaid cofio bod llawer ohonynt wedi colli eu diwedd): Peniarth 9, sy'n cynnwys chwedlau Siarlymaen, 1336, a Llyfr Ancr

ymy vkywdyu penuadiupac y dalyeulws yn
yr yspaynu ac y guiscei coron am y ben a the
yrn frralen y my lao nyt a ugen dub uado
lic a dub pasc a dub sulgwyn a dub gwyl ia
go ebostol rac brou y gadeir yn fastar o deua
or amheraodyr y dygir dedyf noyth ygilwldy
y dely bennoeth ybydei ydifdeugemikyr go
altar yn aruaoc yny dfarchado ar deuge
uir o nadiuir a dfarchatibei y can gyuiraf
or uos uyt a ugen dec od uoch y ben adec od
is y trarc a dec ar y tu dehen a dec or tu as
seu ac yn llao yob vn onadiuir dedyf noeth.
ac yny llao asseu y yob vn onadiuir cappyr ko
yr yn llosa ac val hyny deugeinr marchaoc
erell yn yr eil trauan or uos ac val hyny
deugeinr marchaoc erell yny trydyd trau
an or uos hyr y dyd vny gado ar lleill yn kyl
gu ac ossir a digryfsao gorandao y baon dfe
ithredoed ef y am hyny beidl maor gordroni
yo imi eu darcanu hoy mal y daccan galas?
y nodidaoc apha delo o dyna y llado yr diar
lws o garyar y galatrus honiuo y elon ef my
a ugen brauanr baor sybero brenhin y sara
aunen apha delo dfedy y goreslgyinoys am
rauel deiriassoed achetryd achestyll a dinas
soed ac a deryfsygoys yn eus y dunidaor yn
grull ynogyon apha delo y gollodes llauer o
vanach slogoed ac eglovsseu ar hyr ybyr a
pha delo y llumpeith aod corfforoed lladfer ac

Llanddewibrefi, 1346. Heb gymorth coloffon, rhaid chwilio am dystiolaeth fewnol er mwyn dyddio a lleoli llawysgrif, ac yn niffyg hynny rhaid troi at yr wyddor fras honno, palaeograffeg. Wrth osod dyddiadau bras ar gyfer y llawysgrifau canoloesol Cymraeg, rhaid sylweddoli mai dyddiadau amodol ydynt.

Y mae ein gwybodaeth yn brin nid yn unig am ddyddiadau llyfrau ond hefyd am holl amgylchiadau gwneuthuriad llyfrau Cymraeg yn ystod y can mlynedd hollbwysig rhwng 1250 a 1350. Byddai'n dda gwybod mwy am y bobl a oedd yn gyfrifol am gynhyrchu'r llyfrau, yn noddwyr ac ysgrifwyr, am fannau cynhyrchu, ac am gymhellion. Rhaid wrth elfen fawr o ddamcaniaethu. Hwyrach y bydd canolbwyntio ar bum ysgrifwr unigol a fu'n gyfrifol am rai o lawysgrifau pwysicaf yr oes aur hon yn fodd i gyfleu rhyw ychydig am y gweithgarwch llyfryddol.

Dechreuwn â gŵr a oedd yn ei flodau tua 1300. Cyn mynd ymlaen, cystal inni gadarnhau mai am ŵr yr ydym yn sôn yn yr achos hwn, yn ddigwestiwn: ceir tystiolaeth (ond nid o Gymru) am lyfrau a ysgrifennwyd gan ferched canoloesol, a thystiolaeth am ferched yng Nghymru yn noddi a darllen a barddoni, ac y mae'n bosibl, ond dim mwy na hynny, fod rhai llyfrau wedi eu hysgrifennu gan ferched. Ond a dychwelyd at ein gŵr, er y gellir ei osod ochr yn ochr â chynullwr y Llyfr Du o safbwynt ei wreiddioldeb, yr oedd yn rhagori ar hwnnw o ran trefn a phroffesiynoldeb. Y tebyg yw mai ym mynachlog Sistersaidd Ystrad-fflur y gweithiai. Y mae wedi cael ei enwi yn Alffa. Ei nod oedd casglu ynghyd waith y beirdd a oedd yn canu yn y llysoedd Cymreig o amser Gruffudd ap Cynan, tua 1100, hyd at gwymp Llywelyn y Llyw Olaf ym 1282, sef gwaith y beirdd sy'n hysbys inni heddiw dan yr enw 'Beirdd y Tywysogion'. Casglodd y cerddi a'u dosbarthu mewn modd hynod drefnus, fesul bardd, fesul mesur, fesul gwrthrych. Parhawyd ei waith gan bedair llaw ar bymtheg, a lynodd wrth ei ddosbarthiad a'i drefn. Dyma'r enghraifft orau sydd gennym yn hanes llenyddiaeth Gymraeg ganoloesol o gywaith, cywaith sy'n adlewyrchu y math o gydweithio a oedd yn nodweddiadol o sgriptoriwm mynachlog. Am Alffa ei hun, ni allwn ond dweud ei fod yn ddyn a chanddo ddeall a gweledigaeth anghyffredin a bod ei law—un sydd â'i chymeriad yn neidio o'r tudalen—yn dangos nodweddion a welir yn gyffredin mewn llyfrau prifysgol; dichon fod gorwelion ei addysg yn eang. Yn Ystrad-fflur yn yr un cyfnod crëwyd un o weithiau llenyddol allweddol yr Oesoedd Canol Cymreig, sef y cronicl Lladin sy'n crynhoi hanes Cymru hyd 1282 (gwaith nad yw bellach ar glawr) ac un o leiaf o'r fersiynau Cymraeg sy'n seiliedig arno, *Brut y Tywysogyon*. Y mae *Brut y Tywysogyon* a chasgliad Llawysgrif Hendregadredd ill dau yn cau pennod ar hanes Cymru ym 1282 ac yn gweld angen ei gofnodi. Hwyrach fod gan Alffa ran yn esgoriad *Brut y Tywysogyon*.

Gŵr yr oedd meistrolaeth Alffa yn bell o fod yn rhan o'i gyfansoddiad yw ein hysgrifwr nesaf, un y gwyddom ei enw, sef Gwilym Was Da, oherwydd iddo ei adael mewn coloffon yn un o'i lyfrau, ond heb ddyddiad: *Gwilym Wasta or Drefnewydd*. Y Drenewydd ger Dinefwr (neu 'Newton') oedd hon, ac fe geir enw Gwilym mewn rhestr o'r bwrdeisiaid yn y fwrdeistref newydd Seisnig ym 1302. Doniau Gwilym oedd ufudd-dod, fel y tystia ei enw, a'r medr i ysgrifennu'n ddestlus, fel y tystia ei lyfrau. Copïau o destun Cyfraith Hywel yw'r tri llyfr o'i waith sydd ar glawr. Yn un ohonynt, gan adlewyrchu'r drefn wleidyddol newydd a oedd ohoni, hepgorodd yr adran ar gyfraith y llys, gan nodi 'peidyaw weithon a wnawn a chyfreitheu llys, canyt oes arver na chrynodeb ohonynt yr awr hon'. Awgryma ei ysgrifen a geiriad duwiol ei goloffon mai crefyddol oedd ei addysg a'i gefndir. Y tebyg yw mai clerc lleyg ydoedd. Byddai digon o waith i ŵr fel Gwilym Was Da yng nghanolfan weinyddol newydd y Saeson.

Ysgrifwr dienw a chanddo law hynod debyg i eiddo Gwilym Was Da a ddaw nesaf, yntau'n perthyn i'r un cyfnod, sef dechrau'r bedwaredd ganrif ar ddeg. Erys pum llyfr o'i waith (rhai ohonynt yn anghyflawn bellach), gan gynnwys dau lyfr Cyfraith Hywel. Gellid dyfalu mai rhywun tebyg i

Wilym Was Da oedd hwn hefyd, ond daw gwahaniaeth yn amlwg o edrych ar y tri llyfr arall a ysgrifennodd: copi o *Frut y Brenhinedd*, copi o'r rhamant *Geraint*, a Llyfr Taliesin—yr enwocaf ohonynt. Y mae Llyfr Taliesin yn gasgliad o farddoniaeth yr un mor wreiddiol ac uchelgeisiol yn ei ffordd â Llyfr Du Caerfyrddin a Llawysgrif Hendregadredd, ond yn wahanol i'r ddau lyfr hyn ni welwn ynddo waith llaw y golygydd ei hun; copi glân gan ysgrifwr nad oedd ond yn ysgrifwr yw Llyfr Taliesin. Yr oedd ysgrifwr Llyfr Taliesin yntau'n 'was da'. Y mae amrywiaeth y testunau a gopïodd a chysonder proffesiynol ei law yn awgrymu'n gryf ei fod yn ysgrifwr wrth broffes. Ond a barnu yn ôl y testunau llenyddol a gopïodd, prin y dylid ceisio chwilio amdano mewn bwrdeistref Seisnig. Naws dysg mynachlog a geir ar beth o gynnwys Llyfr Taliesin; hwyrach mai brawd lleyg dan nawdd mynachlog oedd ei ysgrifwr. Cartref hysbys cyntaf Llyfr Taliesin yw ardal yr hen sir Faesyfed, a cheir tystiolaeth arall sy'n awgrymu mai i gyfeiriad de-ddwyrain Cymru y dylid chwilio am gynefin yr ysgrifwr hwn.

Yng Nglyn-y-groes, abaty yr ydym eisoes wedi cyfeirio ato, saif o hyd ddigon o'r hen adeiladau inni gael syniad pur dda am weithgarwch mynachlog Sistersaidd. Yno, ger y mynediad i'r cabidyldy ar ochr ddwyreiniol y clawstr, gallwn weld y gilfach lle y cedwid llyfrgell y fynachlog gynt. Ymhlith y llawysgrifau Cymraeg sy'n debygol o fod wedi tarddu o'r mynachlogydd, y mae mwy y gellir eu cysylltu â Glyn-y-groes nag ag unrhyw fynachlog arall; hi hefyd oedd y fynachlog a chanddi'r traddodiad cryfaf o nawdd i feirdd yn niwedd yr Oesoedd Canol. Llawysgrif ddiamwys ei chysylltiad â Glyn-y-groes yw Peniarth 20, un allweddol, gan bwysiced ei thestunau a chan fod modd pennu nid yn unig man ond hefyd ddyddiad ei chynhyrchu, sef tua 1330. Copïodd prif ysgrifwr Peniarth 20 y fersiynau cynharaf sydd gennym o dri thestun: *Y Bibyl Ynghymraec* (sef crynodeb o ddeunydd hanesyddol y Beibl), *Brut y Tywysogyon*, hyd 1282, a gramadeg (fersiwn a gysylltir â Dafydd Ddu Hiraddug). Dilynwyd yr ysgrifwr hwn gan ail ysgrifwr awdurdodol a

3 Peniarth 20, ff. 292. Brut y Tywysogyon, dechrau'r ychwanegiad, cofnodion am 1282 a 1283.

welodd yn dda i gywiro'r ddau destun cyntaf ac ychwanegu
at y *Brut* gofnodion ar gyfer y cyfnod 1282-1332.
Ychwanegwyd cofnodion 1330-32 mewn inciau gwahanol
fesul blwyddyn: dyna'r dystiolaeth o ran dyddio. Y ddwy law
a wnaeth Peniarth 20 a fu'n gyfrifol hefyd am ysgrifennu dwy
ran o'r llawysgrif gyfansawdd BL Cotton Cleopatra B.v (rhan i
a rhan iii). Yma, ceir y fersiynau cynharaf sydd gennym o dri
thestun arall: *Ystorya Dared* (hanes Troianaidd honedig y
Cymry), *Brut y Brenhinedd* (y fersiwn ohono a adwaenir fel
'Fersiwn Cleopatra B.v') a *Brenhinedd y Saesson* (fersiwn ar
Frut y Tywysogyon gydag estyniad). Y mae'r ddwy lawysgrif
hyn yn cynnig rhychwant prif destunau hanesyddiaeth
ganoloesol Cymru; denwyd rhai o'n hysgolheigion pennaf yn
yr ugeinfed ganrif—G. J. Williams, Thomas Parry, Saunders
Lewis ac R. Geraint Gruffydd—gan gyffro deallusol arbennig
'Gramadegau'r Penceirddiaid'. Yng ngwaith dau ysgrifwr
Peniarth 20 deuwn mor agos ag y bo modd at fyd a roddai nid
yn unig gylchrediad i'r amrywiaeth hwn o destunau pwysig
ond a oedd hefyd yn eu golygu a'u haddasu, onid eu creu, yn
nhawelwch y clawstr yng Nglyn-y-groes.

Daeth y triawd testunau, *Ystorya Dared, Brut y
Brenhinedd* a *Brut y Tywysogyon*, sy'n digwydd gyntaf yn
llyfrau Glyn-y-groes, yn grynhoad awdurdodol bron o hanes
Cymru a'i phobl, ac fe'u copïwyd yn aml gyda'i gilydd.
Copïwyd fersiynau o'r tri gan law anghyffredin o fedrus a
chyson o'r un genhedlaeth â llyfrau Glyn-y-groes. Byddai
modd cysylltu gweithgarwch y llaw hon ag abaty Ystrad-
fflur, oni bai am un broblem. Yn un o'i llyfrau sonnir am y
sawl a'i lluniodd yn y coloffon hwn:

Gruffud ap Llywelyn ap Phylip ap Trahayarnn o Kantref
Mawr a beris yscrivennu y llyvyr hwnn o law
ketymdeith idaw, nyt amgen gwr ryoed agkyr yr amsser
hwnnw yn Llandewyvrevi, y rei y meddyanho Duw y
heneideu yn y drugared. Amen. Anno domini MCCC
Quadragesimo Sexto.

Dyma lyfr enwog 'Ancr Llanddewibrefi'. Y mae'n cynnwys un o'r casgliadau pwysicaf o ryddiaith grefyddol ganoloesol Gymraeg. Yr oedd y noddwr, a enwir yn y coloffon, yn un o ddisgynyddion llinach tywysogion Deheubarth. Nid oedd rheswm yn y byd paham na allai ancr, sef meudwy, arfer crefft a oedd yn digwydd bod ganddo ac ymroi i gopïo llyfrau; ni fyddai angen mwy na defnyddiau a thestunau i gopïo ohonynt. Ond codir cwestiwn am yr Ancr gan lyfr arall y gwelir ei law ynddo, sef Llyfr Gwyn Rhydderch. Cywaith yw'r Llyfr Gwyn, cyfrol (erbyn heddiw yn ddwy gyfrol) y cawn ynddi am y tro cyntaf ymgais i gynnwys mewn un llyfr yr hyn y gallwn eu galw yn glasuron rhyddiaith chwedlonol Cymraeg, y deunydd a ddaeth yn hysbys i'r byd modern dan yr enw 'Y Mabinogion', ynghyd â chwedlau Siarlymaen, ac eraill. Bu pum llaw yn gyfrifol am ysgrifennu'r Llyfr Gwyn ac ymddengys mai rhyw is-gontractor oedd yr Ancr (ceir awgrym mai'r prif gontractor oedd y llaw a gopïodd y *Pedair Cainc*). Os ancr oedd yr Ancr y pryd hwnnw hefyd, rhaid bod y gwaith yn cael ei ddosbarthu yn eang, ac nid o fewn muriau un adeilad yn unig. Gan i'r Llyfr Gwyn gael ei lunio tua chanol y ganrif, y tebyg yw mai'r gŵr y mae'r llyfr yn dwyn ei enw, sef Rhydderch ab Ieuan (c.1325–c.1398), oedd ei berchennog cyntaf. Gŵr o Langeitho oedd Rhydderch. Rhaid dyfalu mai Ystrad-fflur a ddarparodd y sgiliau a'r defnyddiau, os nad y testunau a'r dwylo, y crëwyd y Llyfr Gwyn ohonynt, a bod yr Ancr yn 'was da' arall o gopïydd.

Petawn yn chwilio am ddyddiad penodol i nodi diwedd cyfnod mawr cynhyrchu llyfrau Cymraeg, gellid cynnig dyfod y Farwolaeth Fawr. Daeth ei thon gyntaf a mwyaf i Gymru ym 1349, ac y mae'n bosibl fod chwarter y boblogaeth wedi marw o ganlyniad. Aeth economi'r wlad ar chwâl. Nid oes yr un llyfr Cymraeg y gellir ei ddyddio rhwng 1350 a 1380, a phrin iawn yw'r rhai y dichon iddynt fod yn perthyn i'r cyfnod hwnnw. Ond tua diwedd y ganrif cawn dystiolaeth fod yna flodeuo o'r newydd, a'r blodeuo amlycaf (yng ngoleuni'r llyfrau sy'n weddill) yn troi o gwmpas un dyn, sef Hopcyn ap Tomas o Ynysforgan, ger Abertawe. Ceir naw llyfr y gellir eu hystyried yn grŵp gyda'i gilydd. Y ddolen gyswllt yw'r enwocaf o'r naw, Llyfr Coch Hergest, gan i'r tair llaw a fu'n gyfrifol am y naw gydweithio ar y llyfr nodedig hwn (daw ei enw o gartref diweddarach, nid o'i gartref gwreiddiol). Y pennaf o'r tri ysgrifwr, a'r un y gellir ei alw yn olygydd Llyfr Coch Hergest, oedd Hywel Fychan ap Hywel Goch o Fuellt. Gwyddom hyn oherwydd iddo adael coloffon mewn un arall o'i lyfrau, sef copi o *Frut y Brenhinedd*, yn ei enwi ei hun ac yn sôn mai 'o arch a gorchymun y vaester nyt amgan Hopkyn vab Thomas vab Einawn' y'i hysgrifennodd. Nid oes ddyddiad i'r coloffon, ond fe wyddom mai rywbryd ar ôl 1382 y lluniwyd y Llyfr Coch, bod y dyddiad 1404 ar lyfr arall yn perthyn i'r un grŵp, a bod Hopcyn yn hen ŵr pan ofynnodd Owain Glyndŵr iddo ddehongli brudiau ym 1403.

Copïau o destunau a oedd eisoes wedi eu diogelu mewn llyfrau cynharach yw cynnwys y rhan fwyaf o'r naw llyfr sy'n ffurfio grŵp y Llyfr Coch. Y maent yn adlewyrchu awydd un cylch o bobl, yng nghymdogaeth Cwm Tawe, am gael darllen clasuron llenyddiaeth Gymraeg, yn rhyddiaith chwedlonol a hanesyddol a chrefyddol, ac yn rhyddiaith ymarferol hefyd, gan fod y testunau yn cynnwys Cyfraith Hywel a thestunau ar feddygaeth, hwsmonaeth a chosmoleg. Pur nodweddiadol o'r cyfnod yw lledaeniad y math hwn o destunau ymarferol yn y Gymraeg. Perthyn y pedwar testun meddygol Cymraeg cynharaf i'r cyfnod hwn. At y Llyfr Coch ei hun, llyfr heb ei ail, y trown yn awr.

Cawr o lyfr ym mhob ystyr yw Llyfr Coch Hergest, y mwyaf ei faint a'r mwyaf cynhwysfawr o'r holl lyfrau canoloesol Cymraeg (34 x 21cm, ac yn cynnwys 362 o ddail, ac o leiaf ugain o ddail wedi eu colli). Y mae'n lled sicr mai ar gyfer Hopcyn ap Tomas ei hun y'i gwnaethpwyd. Ymddengys mai arch a gorchymyn Hopcyn yn yr achos hwn oedd cael cynnwys mewn un llyfr mawr bopeth a oedd ar gael o glasuron llenyddiaeth Gymraeg, ac eithrio'r gyfraith a rhyddiaith grefyddol (rhaid tybio bod y rhain ganddo mewn llyfrau eraill), a chan eithrio hefyd, yn gyffredinol,

4   Llyfr Coch Hergest (Coleg Iesu III, col. 240-1), hanner uchaf y tudalen.
Brut y Tywysogyon

farddoniaeth y beirdd amlwg hynny a oedd yn gyfoeswyr i
Hopcyn, sef y Cywyddwyr. Y mae'r Llyfr Coch yn dynodi
penllanw'r gogwydd a fu yn ystod y bedwaredd ganrif ar ddeg
tuag at lyfrau cynhwysfawr; Llyfr Gwyn Rhydderch a nodai'r
uchafbwynt cyn hynny. Byddai Hywel Fychan a'i gyd-
weithwyr yn cynnal traddodiadau crefftwaith y sgriptoriwm
mynachlogaidd; ac y mae Hywel ei hun yn olygydd sydd
wedi ennill clod gan ysgolheigion am ei driniaeth ddeallus
o'i destunau a'i barodrwydd i beidio ag ymyrryd â ffurfiau
tafodieithol ei gynsail. Ond petaem yn gosod campwaith
Hywel a'r ddau ysgrifwr arall mewn persbectif eang, buan y
gwelem fod y Llyfr Coch a'r grŵp llyfrau y mae'n perthyn
iddo (er eu bod yn cynrychioli uchafbwynt y gwaith o gasglu
clasuron llenyddiaeth Gymraeg ynghyd), o ran llawysgrifen
gain a chrefft cynhyrchu llyfrau yn gyffredinol, yn dangos ôl
dirywiad o'u cymharu â goreuon y llyfrau a gynhyrchwyd yn
y cyfnod 1250-1350. Yn hanes y math o gydweithio ar lyfrau

a nodweddai'r sgriptoriwm ac a adlewyrchir gan Hywel Fychan a'i dîm—er mai y tu allan i'r clawstr y gweithient erbyn hynny—gellir dweud bod y Llyfr Coch yn dynodi diwedd ar draddodiad. Yr oedd sgiliau'r sgriptoriwm, yn gyffredinol, wedi hen gilio o dai crefydd ledled gorllewin Ewrop. Yn wahanol i'r sefyllfa yng Nghymru, yn y gwledydd sefydlog a chyfoethog yr oedd yr hen sgiliau wedi symud i weithdai masnachol mewn dinasoedd a threfi. Dirywiad a welid yng Nghymru yn yr union gyfnod pan oedd llyfrau cain yn yr iaith Saesneg yn dod yn gymharol gyffredin.

Os teg dweud mai'r Farwolaeth Fawr oedd y rheswm am y prinder llyfrau Cymraeg a gynhyrchwyd yn y blynyddoedd ar ôl 1350, anos dweud beth oedd y rheswm am y prinder cyffelyb ar ôl 1405. Un llyfr Cymraeg yn unig y gellir ei ddyddio i'r cyfnod 1405-40 a phrin yn gyffredinol yw'r llyfrau yr ymddengys iddynt fod yn gynnyrch y cyfnod hwnnw. Fe'n rhybuddir gan ambell hanesydd rhag gorbwysleisio effaith andwyol gwrthryfel Owain Glyndŵr ar ysbryd ac economi Cymru, ond nid oes gwadu'r difrod a adawodd ar ei ôl, sef mesurau gormesol Coron Lloegr a'r dirwasgiad mawr. A barnu wrth y gwaith sydd ar glawr, yr oedd hyd yn oed y beirdd yn rhyfeddol brin eu nifer (neu eu nawdd) yn y cyfnod hwn. Dichon mai ymhlith effeithiau a chanlyniadau'r rhyfel y ceir esboniad am y cyfnod nodedig o lwm a gafwyd yn hanes y llyfr yng Nghymru.

Daeth y cyfnod llwm i ben ychydig cyn canol y bymthegfed ganrif. Y mae llyfrau yn gymharol niferus o 1440 ymlaen, ac ni welir bwlch tebyg eto yn y traddodiad. Ceir oddeutu cant o lyfrau Cymraeg yn tarddu o gan mlynedd olaf yr Oesoedd Canol, ond rhwng y mwyafrif o'r llyfrau hyn a'r rheini y gellir eu dyddio i'r cyfnod rhwng 1250 a 1400 yr oedd agendor wedi agor. Fel y dangoswyd eisoes, y mae llyfrau Hywel Fychan yn perthyn o hyd o ran medrau a chydweithgarwch i draddodiad y sgriptoriwm. Ond y mae'r llyfrau y medrwn eu dyddio o tua 1440 ymlaen yn adlewyrchu amodau gwahanol. Gydag eithriadau prin, llyfrau ydynt sy'n gynnyrch dynion a oedd yn gweithio ar eu pennau eu hunain, yn gymharol ddi-sgìl a rhyw elfen o grefft gartref neu wneud-y-tro yn perthyn i lawer ohonynt. Yr oedd yr hen law *textura* ('llaw destun') a ddefnyddid o hyd mewn llyfrau Lladin ar gyfer y testunau mwyaf ffurfiol (llyfrau litwrgïaidd, er enghraifft) wedi mynd yn bur anghyffredin mewn llyfrau Cymraeg. Yn ei lle gwelid amrywiaeth o sgriptiau rhedol. Ac yn amlwg iawn, ymddangosodd deunydd newydd at wneud llyfr, sef papur. Daeth papur i Ewrop o fyd yr Arabiaid (a chyn hynny, o Tsieina). Ysgrifennwyd ambell lyfr ar bapur yn Ffrainc yn y drydedd ganrif ar ddeg, ac ambell un yn Lloegr erbyn y ganrif ganlynol. Cyfeiriodd Dafydd ap Gwilym ato, ond y tebyg yw mai dim ond ar gyfer dogfennau y'i defnyddiwyd yng Nghymru yn ei oes ef. Tua 1450 yr ymddangosodd y llyfrau papur Cymraeg cynharaf. Yn ail hanner y ganrif yr oeddynt mor niferus â rhai memrwn. Erbyn dechrau'r unfed ganrif ar bymtheg, yr oedd papur wedi ennill y dydd, ac yn amlwg ratach na memrwn. Eithriad o hynny ymlaen oedd llyfr ar femrwn.

Nid gwahaniaethau corfforol a thechnegol yn unig sydd i'w cael rhwng llyfrau cyfnod Hywel Fychan a'r rheini o tua 1440 ymlaen. Testunau gwahanol, i raddau helaeth, oedd yn cael eu copïo bellach. Yr oedd diddordeb mawr yn y canu brud, ond, ac eithrio hyn, nid oedd copïo ar yr hengerdd na chanu'r Gogynfeirdd: o leiaf, nid oes ar glawr unrhyw gasgliad a wnaethpwyd rhwng amser Llyfr Coch Hergest a 1540. Nid ymddengys ychwaith fod unrhyw alw am y chwedlau brodorol a oedd yn rhan o ogoniant y Llyfr Gwyn a'r Llyfr Coch: nid oes o'r cyfnod hwn unrhyw lyfr yn cynnwys deunydd 'Y Mabinogion'. Ar y llaw arall, yr oedd copïo ar ddeunydd storïol mwy diweddar, llawer ohono yn gyfieithiadau, megis *Ystoriau Saint Greal, Chwedlau Odo* a *Chwedlau Saith Doethion Rhufain*. Law yn llaw â'r diddordeb yn y canu brud a darogan yr oedd diddordeb brwd mewn hanes. Yr oedd copïo o hyd ar *Frut y Brenhinedd*, a fersiwn newydd ohono, *Brut Tysilio*, yn dod yn boblogaidd (cynnyrch abaty Glyn-y-groes eto, efallai); ymddangosai mân destunau hanesyddol neu ffug-hanesyddol eraill, ynghyd â llyfrau achau, a ddaeth yn elfen mor amlwg yn y traddodiad llawysgrifol yng nghyfnod y Dadeni. Yr oedd copïo o hyd hefyd, am resymau ymarferol, ar lyfrau Cyfraith Hywel, a'u testunau chwyddedig yn adlewyrchu amgylchiadau a datblygiadau newydd. Yn ogystal, yr oedd copïo cynyddol ar destunau eraill o werth ymarferol o'r math a ymddangosodd yn Llyfr Coch Hergest. Adlewyrchiad ar fyd proffesiynol arall yw'r testunau newydd o ramadegau beirdd a'r traethodau cynharaf ar gerddoriaeth.

Drwy ganolbwyntio ar rai o ysgrifwyr y bymthegfed ganrif, gellir datgelu peth o gymeriad llawysgrifau'r cyfnod. A chymryd yn gyntaf y medrusaf ohonynt, un a oedd yn ysgrifwr wrth broffes, y mae'n rhaid. Brodor o Ddeheubarth ydoedd, ac ysgrifennodd ddau lyfr sydd ar glawr, Wynnstay 36 (Cyfraith Hywel) a Pheniarth 263 (*Brut y Brenhinedd*), ar femrwn da mewn *textura* urddasol. Fel y byddai unrhyw ysgrifwr mewn sgriptoriwm gynt, gadawodd fylchau ar ddechrau adrannau'r testun ar gyfer priflythrennau mawr addurnedig. Ond yn y ddau achos fe arhosodd y bylchau yn wag. Nid oedd yr arbenigwr a ddisgwylid, y 'limniwr', wrth law i gwblhau'r gwaith, ac ni ddaeth heibio wedyn. Yna, tua diwedd y ganrif, fe gopïwyd ar gyfer Syr Rhys ap Thomas, ar ddalennau mawrion ac â phob ymdrech i wneud cyfrol fawreddog, destun *Ystoriau Saint Greal* (Mostyn 184). Gwyddom o'r coloffon beth oedd enw'r ysgrifwr, sef Gwilym ap John ap Gwilym. Poenus o anhylaw yw ei ymgais ef i lunio ysgrifen *textura*. Yn ôl pob golwg, ni fedrai hyd yn oed Cymro grymusaf ei ddydd alw ar ysgrifwr medrus.

Y ddau ysgrifwr hynotaf yn perthyn i ail hanner y bymthegfed ganrif oedd Lewys Glyn Cothi a Gutun Owain, beirdd ill dau, y naill yn fardd a fu yng nghanol cyffro gwleidyddol yr oes, gan dreulio peth amser ar herw, ac yn un o feirdd mawr y ganrif, y llall yn ddyn llyfrau a dreuliai gryn amser yn abaty Glyn-y-groes (lle bu ewythr iddo yn abad), ac yn llai o fardd. Disgrifiwyd Lewys Glyn Cothi mewn llawysgrif ar ôl ei amser ef fel 'lladingwr da yn y amser a thestwr or gorau oll. Ni sgrifennws Lewys y Glynn ar ioed ar

bapur ond ar barsment, kans tegstwr da oedd ef yn wir.'
Testwr, felly, (neu *tegstwr*), sef un a fedrai ysgrifennu sgript
textura, oedd Lewys. A diddorol gweld beth oedd agwedd y
testwr hwn at y deunydd newydd, papur: nid ysgrifennodd
erioed ond ar barsment (sef memrwn). Tri llyfr o waith
Lewys sydd ar glawr, y naill yn gopi o Gyfraith Hywel a
gopïwyd ar gais noddwr, y ddau arall yn gasgliadau o'i
farddoniaeth ef ei hun. Lewys yw'r bardd cyntaf y mae
gennym gasgliad trefnus o ryw gyfran o'i waith yn ei law ef
ei hun. Ac ar femrwn y mae'r tri llyfr.

Yr oedd Gutun Owain yn ysgrifwr cynhyrchiol. Erys deg o
lyfrau yn ei law (rhai yn anghyflawn) a gwyddom am eraill a
gollwyd. Ysgrifennai ar bapur yn ogystal ag ar femrwn. Yr
oedd yn destwr yn yr ystyr ei fod yn medru'r *textura*, heb fod
yn neilltuol o dda, ond llaw fwy rhedol a ddefnyddiai gan
amlaf. Ymddengys fod testunau hanesyddol yn faes arbennig
ganddo, a'i fod yn olygydd testunau yn ogystal â chopïydd.
Ond ceir ganddo hefyd destunau meddygol, a'r rheini'n
cynnwys lluniau sydd gyda'r mwyaf trawiadol yn y
llawysgrifau Cymraeg. Nid oes ar glawr gasgliad o'i
farddoniaeth yn ei law ef ei hun.

Gogoniant pennaf llenyddiaeth Gymraeg yn y cyfnod
1350-1550 yw canu'r Cywyddwyr. Nid ydym eto wedi sôn
am gasgliadau o'u gwaith mewn llawysgrifau. Soniwyd am y
pum llyfr enwog sy'n cynnwys bron y cyfan sydd gennym o'r
Hengerdd a chanu'r Gogynfeirdd, sef Llyfr Du Caerfyrddin,
Llyfr Aneirin, Llyfr Taliesin, Llawysgrif Hendregadredd a
Llyfr Coch Hergest. Casgliadau yw'r rhain sy'n dangos
ymdrechion golygyddion eu hoes i hel barddoniaeth y
gorffennol, y gorffennol pell i raddau helaeth. Yn achos
Llawysgrif Hendregadredd a Llyfr Coch Hergest, golygai
natur y casgliad fod galw am gynnwys rhai cerddi a oedd heb
fod ymhell o gyfnod y casglu, a rhai cerddi a oedd yn agos at
fod yn gyfoes. Ond y mae yn perthyn i'r pum llyfr hyn yr
hyn y byddem heddiw yn ei alw yn naws academaidd. A
dyma ddod at ffaith hynod ynglŷn â chanu'r Cywyddwyr.
Nid oes, a hyd y gallwn weld ni fu, unrhyw gasgliad o waith

un o'r beirdd hyn cyn tua'r flwyddyn 1450, sef dros gan mlynedd ar ôl cyfnod blodau'r to cyntaf ohonynt, gan gynnwys Dafydd ap Gwilym. Y cyfan sydd gennym o'r can mlynedd hyn i gynrychioli eu gwaith yw rhyw lond llaw o gerddi strae a phytiau cerddi sy'n digwydd yn ychwanegiadau mewn llyfrau eraill.

Y mae absenoldeb llyfrau o waith y Cywyddwyr cyn 1450 yn gwestiwn sydd heb fod yn annhebyg i'r un ynglŷn â diffyg llyfrau Cymraeg cyn 1250: ai'r ateb y tro hwn eto yw i'r llyfrau fodoli ar un adeg a'u bod i gyd am ryw reswm wedi eu colli? Anodd fyddai dadlau bod un dosbarth penodol o lyfrau wedi diflannu'n llwyr heb reswm, tra bo digonedd o rai eraill wedi goroesi. Haws derbyn, efallai, fod rheswm arall am y diffyg, sef fod y llyfrau yn brin ar y gorau, os bu rhai o gwbl. A derbyn wedyn mai'r rheswm am hyn oedd fod canu newydd y Cywyddwyr mor ysgubol o boblogaidd ac yn ffrwd mor fyw fel na welid angen ei gofnodi. A benthyg syniad a gair anachronistig, tybed nad oedd y canu hwn wedi dod yn ddigon academaidd?

Rhaid tybio mai ar lafar yn bennaf y byddai'r beirdd yn dysgu eu crefft, mai ar lafar y byddent yn cyflwyno eu cerddi, mai ar gof y byddai eu stôr barddoniaeth, ac mai ar gof, wrth raid, yn gerddi cyflawn, y byddai *repertoire* y datgeiniaid. Offeryn gwahanol yw'r cof, a mwy pwerus mewn llawer ffordd pan nad yw ei berchennog yn ddibynnol ar lyfrau. Ffynnai cyfundrefn y beirdd a'r datgeiniaid hyd ddechrau'r ail ganrif ar bymtheg. Pan drown at y llawysgrifau, cawn y cynharaf o'r casgliadau o waith y Cywyddwyr oddeutu 1450, a thros ddwsin o lawysgrifau sy'n dyddio o ail hanner y ganrif. Y mae'r ffaith hon ynddi ei hun yn awgrymu nad mater o hap yw diffyg llawysgrifau cyn 1450. Ffaith awgrymog arall yw pa mor fychan yw'r casgliadau o waith beirdd unigol yn y llawysgrifau cynnar hyn. A chymryd yn enghraifft y bardd mwyaf poblogaidd, Dafydd ap Gwilym: gwyddom am ddeg o lawysgrifau cyn 1500 sy'n cynnwys ei gerddi; allan o'r deg, dim ond pedair sy'n cynnwys mwy na thair o gerddi, a'r pedair hyn yn cynnwys 5, 7, 25 a 27.

Hanner canrif yn ddiweddarach, erbyn 1550, yr oedd
casgliadau o'i waith ar gael a oedd yn cynnwys dros gant o
gerddi; ac erbyn 1600 yr oedd casgliadau a oedd yn cynnwys
dros gant a hanner. Proses cynyddol oedd y casglu, ac y
mae'n amlwg mai ar ddechrau yr oedd y casglu yn ail hanner
y bymthegfed ganrif. Y tebyg yw mai yn syth o draddodiad
llafar y daeth llawer o gerddi i'r casgliadau cynnar hyn. Ceir
cryn nifer o gyfeiriadau mewn llawysgrifau at gofnodi cerddi
'oddi ar dafodleferydd'. Digwyddant yn y cyfnod 1550-1650,
ond nid cyn hynny. Erbyn y cyfnod hwnnw, y mae'n rhaid, yr
oedd cofnodi oddi ar dafodleferydd wedi mynd yn ddigon
anghyffredin i alw am sylw.

Y mae'r dystiolaeth yn awgrymu, felly, mai oddeutu 1450
y sylweddolwyd bod angen cofnodi mewn llyfrau waith y
Cywyddwyr cynnar a oedd yn eu blodau ganrif ynghynt,
beirdd yr oedd eu cerddi erbyn hynny yn glasuron traddodiad
y cywydd. Ond ar yr un pryd dechreuwyd hefyd gofnodi
mewn llyfrau waith Cywyddwyr cyfoes, ochr yn ochr â
gwaith meistri fel Dafydd ap Gwilym ac Iolo Goch. Ceir ar
glawr gopïau cyfoes o gerddi gan lawer o feirdd ail hanner y
bymthegfed ganrif, ac yn achos o leiaf saith o'r beirdd, rhai
copïau yn llaw y bardd ei hun. Dim ond gan Lewys Glyn
Cothi y ceir casgliadau trefnus o'i waith ei hun, ond ymhlith
y beirdd y ceir cerddi holograff o'u heiddo gellir enwi
Gwilym Tew, Hywel Dafi, Hywel Swrdwal, Huw Cae Llwyd
a Dafydd Epynt. Beirdd a oedd yn canu yn bennaf yn ne-
ddwyrain Cymru oedd y rhain i gyd. O'r rhan honno o'r wlad
y daw'r llyfrau cynharaf o ganu'r Cywyddwyr. Gellir dyfalu
bod llysoedd y noddwyr yn y rhan honno o Gymru yn
ymagweddu'n fwy ffafriol i syniadau newydd am berthynas
llyfr a chân. Nid oes enghraifft sicr o gasgliad o gywyddau yn
tarddu o'r gogledd cyn 1500. Y tebyg yw fod cryfder a
cheidwadaeth y traddodiad yno yn golygu na fu rhyw lawer o
hel gwaith y Cywyddwyr i lyfrau cyn troad y ganrif.

Tua 1500, felly, yr oedd barddoniaeth gyfoes wedi dod yn
un o brif ffrydiau llenyddiaeth llyfrau Cymraeg. Ond
barddoniaeth y Cywyddwyr yn unig a geid; rhaid cofio am

THE

MYVYRIAN

ARCHAIOLOGY OF WALES,

BEING A COLLECTION OF

APHORISMS, PROVERBS, ETHICAL TRIADS, LEGISLATIVE TRIADS,

LAWS, AND MUSIC,

FROM

ANCIENT MANUSCRIPTS.

VOLUME III.

PROSE.

" TRI DYBEN ADDYSG A CHÔV: GWYBYDDU, DIWALLU, A DYDDANU."

" *The three objects of instruction and record : to convey knowledge, to supply defects,*
and to give pleasure."

LONDON:

PRINTED FOR THE EDITORS, BY S. ROUSSEAU, WOOD STREET, SPA FIELDS ;

AND SOLD BY

MESSRS. LONGMAN, HURST, REES, AND ORME, PATER NOSTER ROW.

1807.

5 Tudalen deitl cyfrol III *The Myvyrian Archaiology of Wales.*

6 John Gwenogvryn Evans (1852-1930), arloeswr astudiaeth y llawysgrifau Cymraeg.

fodolaeth beirdd is eu statws, a fyddai'n canu yn aml ar fesurau 'rhydd', ac na welir eu gwaith mewn llyfrau o gwbl. Buasai Hopcyn ap Tomas yn gresynu nad oedd mynd bellach ar yr hen farddoniaeth nag ar chwedlau fel y *Pedair Cainc,* ond yn llawenhau hefyd fod rhyddiaith grefyddol yn dal mewn bri a bod cymaint o fri ar destunau hanesyddol ac ymarferol. Buasai'n gresynu yn sicr wrth safon y llyfrau a'u hysgrifen amryfeilryw anghelfydd, a hwyrach wrth y deunydd newydd, papur. Ond wrth i'r unfed ganrif ar bymtheg fynd rhagddi, ac i bapur ddod yn rhatach, cafwyd o leiaf lyfrau papur Cymraeg mwy urddasol eu maint.

Erbyn 1500 yr oedd machlud oes y llyfr llawysgrif gerllaw. Yng nghanol y bymthegfed ganrif perffeithiwyd yr argraffwasg. Buasai dysgedigion Cymru erbyn 1500 yn hen gyfarwydd â llyfrau print yng nghyd-destun dysg Ladinaidd a litwrgi'r Eglwys. Ac yn negadau olaf y ganrif yr oedd argraffu llyfrau mewn rhai ieithoedd brodorol, gan gynnwys Saesneg, wedi dod yn gyffredin. Ond bu'n rhaid i Gymru, fel llawer gwlad dlawd arall, aros ei thro. Prin fod marchnad boblogaidd am lyfrau yng Nghymru cyn y ddeunawfed ganrif; yr oedd argraffu llyfrau Cymraeg yn dibynnu'n drwm ar nawdd a brwdfrydedd unigolion cefnog. Yn y 1540au, ar drothwy cyfnod newydd ac ar drothwy chwyldro crefyddol, yr ymddangosodd y llyfrau printiedig Cymraeg cyntaf. Y ddau a oedd yn gyfrifol amdanynt oedd Syr John Price a William Salesbury, dau ŵr a chanddynt ddiddordeb hynafiaethol cryf a gwybodaeth am yr hen lyfrau llawysgrif. Bu rhai o'r llawysgrifau enwog trwy eu dwylo.

Ond er i lyfrau print ddod fwyfwy i'r amlwg fel elfen bwysig ym mywyd crefyddol a diwylliannol Cymru wrth i'r unfed ganrif ar bymtheg fynd rhagddi, ni ellir dweud o gwbl fod y traddodiad llawysgrifol wedi dod i ben yng Nghymru yn y ganrif honno, fel y gwnaeth yn Lloegr neu Ffrainc neu'r Almaen. Ffynnai o hyd, fel y gwnâi yn Iwerddon, oherwydd diddordeb ac ymroddiad beirdd a hynafiaethwyr a bonedd llengar. Ac eithrio ar gyfer llenyddiaeth grefyddol, y llyfr llawysgrif oedd prif gyfrwng llenyddiaeth ysgrifenedig

Gymraeg tan y ddeunawfed ganrif; ceid parhad uniongyrchol o'r Oesoedd Canol, a chryn gopïo ar lawer o lenyddiaeth, rhan helaeth ohoni yn ganoloesol. Y ddeunawfed ganrif a welodd dranc y traddodiad, ac ymddangosiad rhan helaeth o'r testunau canoloesol pwysig mewn pedwar cyhoeddiad clodwiw a gyfrannodd fwyaf at ei wanychiad, sef *Cyfreithieu Hywel Dda ac eraill, seu Leges Wallicae* (1730), *Gorchestion Beirdd Cymru* (1773), *Barddoniaeth Dafydd ab Gwilym* (1789) a'r aruthrol *The Myvyrian Archaiology of Wales* (1801). Os 1539 yw dyddiad symbolaidd diwedd yr Oesoedd Canol, 1801 yw dyddiad symbolaidd diwedd eu traddodiad llawysgrifol yng Nghymru.

DARLLEN PELLACH

Bernhard Bischoff, *Latin Palaeography: Antiquity and the Middle Ages* (Caer-grawnt, 1990).

Geraint Bowen, gol., *Y Traddodiad Rhyddiaith yn yr Oesau Canol* (Llandysul, 1974).

N. Denholm-Young, *Handwriting in England and Wales* (Caerdydd, 1954).

D. Simon Evans, *Llên a Llafar yn yr Hen Gyfnod* (Caerdydd, 1982).

Daniel Huws, *Llyfrau Cymraeg 1250-1400* (Aberystwyth, 1993).

Christine James, '"Llwyr wybodau, llên a llyfrau": Hopcyn ap Tomas a'r traddodiad llenyddol Cymraeg', *Cwm Tawe*, gol. Hywel Teifi Edwards (Llandysul, 1994).

Philip H. Jones ac Eiluned Rees, goln., *A Nation and its Books: A History of the Book in Wales* (Aberystwyth, i'w gyhoeddi ym 1997).

Nesta Lloyd a Morfydd E. Owen, *Drych yr Oesoedd Canol* (Caerdydd, 1986).

Report on Manuscripts in the Welsh Language (Llundain, Royal Commission on Historical Manuscripts, 1898-1910). Gwaith anhepgor J. Gwenogvryn Evans.

G. J. Williams, *Agweddau ar Hanes Dysg Gymraeg* (Caerdydd, 1969).

EWYLLYSIAU CYMRAEG
1539–1858

Gerald Morgan

rwi yn rhoi pymthag pynt i Margred Evanes fy merch a gwely a dillad a ffadall leia oedd gan i nain o ddwy a chist wensgod ai rhoi bith yn rysgol i gael dysgy gwnio a darllen hefyd . . .

Evan Williams

Ar ddydd Gŵyl Dewi 1763 gorweddai Harri Prichard, Pen-llech, Caernarfon, ar ei wely angau. Gwyddai ei wraig Elinor Hughes ei fod yn gwanhau, a gyrrodd am Robert Jones, offeiriad y plwyf, i gofnodi dymuniadau ei gŵr a'u llunio ar ffurf ewyllys. Cymry uniaith oedd y teulu, ond yr oedd yr offeiriad yn medru'r ddwy iaith, a'r arfer gyffredin oedd llunio ewyllys Saesneg i'w chyflwyno i'r awdurdodau eglwysig. Gwrandawodd Robert Jones ar lais egwan Harri Prichard, gan ysgrifennu'r geiriau Cymraeg ar damaid o bapur. Wedi enwi pedwar plentyn a fyddai'n derbyn deuswllt yr un, dywedodd Prichard:

Ellin Hughs Cymaint ag a sudd yna oi heuddo hi ar Drydydd or Llafur os Budd hi yn aros yma os Bydd hi yn troi ei chefn Dim or Llafur . . .

Wedi dychwelyd adref, ysgrifennodd Robert Jones yr ewyllys gyfan mewn Saesneg da ar bapur glân. Ei fersiwn ef o'r dyfyniad uchod oedd:

to my Dearly beloved wife Elinor Hughes as much as Can be found here of what goods she brought with her here, and the Third part of the Corn . . . but if she will Part now . . . she is to have none of the Corn.

Gellir gweld mai ychwanegiad yr offeiriad oedd y geiriau *dearly beloved*, ynghyd â'r cyfeiriad at waddol Elinor, er mwyn sicrhau ei hawliau. Trwy lwc, pan gyflwynwyd yr ewyllys i'r awdurdodau eglwysig i'w phrofi, cadwyd y rhecsyn papur Cymraeg yn ogystal â'r ddogfen Saesneg gymen, yn dystiolaeth fyw i'r proses rhyfedd a ddigwyddai pan fyddai Cymro neu Gymraes uniaith yn gwneud ei ewyllys.

Y mae mathau eraill o dystiolaeth yn dangos y proses ar waith. Er enghraifft, y mae ewyllys Rees Thomas, Gwnnws (Ceredigion), a fu farw ym 1614, yn Saesneg. Ond bu dadl ynglŷn â phrofi'r ewyllys, a bu'n rhaid i'r awdurdodau holi'r tystion a oedd wedi ei harwyddo. Ceir disgrifiad gan bob un ohonynt o'r modd y darllenodd yr offeiriad (sef ysgrifennwr yr ewyllys) y ddogfen yng nghlyw'r dyn claf *yn Gymraeg*. Hynny yw, byddai'r offeiriad yn gwrando ar ddymuniadau'r claf a gwneud nodiadau Cymraeg, copïo'r cyfan yn Saesneg a'i gaboli, a'i gyfieithu'n ôl ar lafar i'r dyn claf er mwyn cael sêl ei fendith arno.

Y mae'n amlwg, felly, mai yn Gymraeg y byddai cleifion ar eu gwely angau yn llefaru (a hefyd y perthnasau a fyddai wrth law), ond arferai'r offeiriaid lunio'r dogfennau terfynol yn Saesneg. Lluniwyd ewyllys Lewis Humphrey, Llanfor (1753, yn esgobaeth Llanelwy), mewn Saesneg caboledig ac ysgrifen hardd gan y ficer, Ellis Hughes, a cheir ynddi ragymadrodd crefyddol a diweddglo cyfreithiol. Ond sail y cyfan oedd tamaid o bapur a oedd yn dweud:

> I Cadrin Thomas £5, i Jhon [sic] Lewis £3, i Humfre Lewis £3, i Greis Lewis £1, ir plant ienga £3, i farged Evan pwys wlan, i Thomas Lewis £3, at gl[a]ddu iti £2.

Ewyllys lafar (*nuncupative*) oedd ewyllys Lewis Humphrey; gan nad oedd yr offeiriad wrth law ar y pryd, gwaith y tystion oedd gwrando ar ei ddymuniadau, eu cofnodi mor fuan ag oedd modd, a'u dangos i'r offeiriad. Ei ddyletswydd ef wedi iddo gyrraedd oedd gwrando ar y tystion a throi eu geiriau, neu unrhyw nodiadau a wnaethpwyd ar y pryd, yn ddogfen dderbyniol i'r awdurdodau.

Ni ellir, wrth reswm, glywed llais Lewis Humphrey ei hun yn y manylion sych a gofnodwyd, ond yn ewyllys Harri Prichard y mae modd clywed geiriau'r dyn ei hun, a hynny mewn modd nad yw prin byth yn digwydd yn yr ewyllysiau llafar Saesneg sydd wedi goroesi. Enghraifft arall yw ewyllys Evan David, iwmon o Gas-mael (sir Benfro), a fu farw ym 1719. Nid oedd offeiriad wrth law i gofnodi ei ddymuniadau olaf ar ei wely angau, ac felly bu'n rhaid i dystion anllythrennog wrando'n ofalus ar ei eiriau. Daeth William Gambold, offeiriad a gramadegwr tra galluog, at y tystion, a gwrando ar eu tystiolaeth. Yn ddiweddarach, cofnodwyd geiriau'r tystion yn ofalus gan Gambold a'u gosod mewn cyd-destun Saesneg. Gan fod y ddogfen yn rhy hir i'w dyfynnu'n llawn, dyma flas yn unig ohoni:

Yr wyf yn rhoi i fy Mrawd Thomas David, os byw ydyw, Bum swllt. And being asked by us the Witnesses undernamed, Whether If his Brother had any Children,

7 Ewyllys Evan David, Cas-mael (1718), yn llaw William Gambold.

He would leave any Thing unto Them; His Answer was, Na wnaf. Ac nid wyf yn rhoi mor Pum swllt hynny i nêb arall ond im Brawd, os byw ydyw.

Efallai fod Gambold wedi caboli ychydig ar iaith Evan David, ond gellir clywed pendantrwydd ei lais, a ddaw yn fwy eglur yn y cymalau olaf:

> And the said Testator at the time of speaking . . . said: y mae hynny yn ddigon i rwystro pob ymrafael ynghylch fy Mhetheu i, os na chonsidraf i ymhellach etto yn ol hyn: Adding, Y mae'n rhaid cael Torth fawr i lenwi pob geneu . . .

Hynny yw, nid oedd gan Evan David ddigon o gyfoeth i fodloni pawb. Y mae'n amlwg yma fod Gambold wedi copïo union eiriau'r tyst, ac o'r herwydd y mae hon yn ddogfen bersonol hynod iawn.

Cyn mynd ymhellach, rhaid amlinellu'r proses profawd yn fras. Profawd yw'r proses cyfreithiol o rannu eiddo person marw. Ni fyddai pawb yn manteisio ar y drefn; byddai'r mwyafrif helaeth yn dilyn arferion cyfarwydd: pe ceid tiroedd, aent i'r mab hynaf; yn achos gweddw, gallai ddisgwyl gwely a bwrdd am ei hoes, a thraean o'r eiddo symudol. Rhennid y gweddill rhwng y plant eraill, gan geisio sicrhau gwaddol i'r merched ar gyfer priodi, a modd i'r bechgyn i ddod ymlaen yn eu byd. Gallai'r perthnasau ofyn i'r awdurdodau profawd, sef yr Eglwys wladol, am lythyrau gweinyddu, a phan ganiateid y rheini, glynid wrth yr un drefn a fodolai wedi i ewyllys gael ei phrofi. Ond yr oedd y mwyafrif yn rhannu eiddo'r marw heb fynd at yr awdurdodau o gwbl. Tybed, er enghraifft, beth a ddigwyddodd yn achos Dr Richard Evans a fu farw yn sir Fôn ym 1742? Dywedodd William Morris, Caergybi, wrth ei frawd Richard:

> neithiwr y deuthym adre, wedi bod ynghylch wythnos yn cymryd inventory.

Ond ni cheir ewyllys na rhestr eiddo Richard Evans ymhlith

cofnodion profawd Bangor heddiw. Y mae'n bosibl fod aelodau o'r teulu wedi penderfynu peidio â pharhau â'r proses, ond y mae'n fwy tebygol fod yr ewyllys wedi mynd ar goll mewn cyfnod diweddarach.

Arferai ysgrifenwyr ewyllysiau ddilyn patrwm traddodiadol. Yn dilyn y geiriau agoriadol *In the name of God amen*, ceid y dyddiad, enw'r cymynnwr a'r plwyf lle y trigai, a chyfeiriad at gyflwr ei iechyd corfforol a meddyliol. Dymuniad mwyafrif helaeth y cymynwyr oedd cyflwyno eu heneidiau i Dduw a'u cyrff i'r ddaear. Wedyn ceid rhestr o gymynroddion, enw'r ysgutor, llofnod neu farc y cymynnwr gyda sêl, ac enwau'r tystion. Tasg yr ysgutor oedd cyflwyno'r ewyllys i'r awdurdodau eglwysig, gan amlaf i offeiriad neu gyfreithiwr a benodwyd gan yr esgob. Pe credai'r dirprwy hwnnw fod yr ewyllys yn ddilys, gwnâi gopi ohono, a rhoi naill ai'r copi neu'r gwreiddiol yn ôl i'r ysgutor, ynghyd â dogfen a oedd yn rhwymo'r ysgutor i gyflawni'r gwaith o weinyddu'r ewyllys. Yr oedd yn rhaid cyflwyno rhestr eiddo symudol y marw, rhannu'r eiddo yn ôl ei ddymuniad, talu ei ddyledion, trefnu'r cynhebrwng a chadw cyfrif o'r holl gostau. Rhaid oedd i'r ysgutor ddychwelyd at yr awdurdodau gyda'r cyfrif a'r rhestr eiddo. Petai rhywun yn gwrthwynebu'r ewyllys, byddai'r awdurdodau yn cynnal ymholiad ffurfiol i'r amgylchiadau.

Cedwid copïau o'r ewyllysiau a oedd yng ngofal yr awdurdodau eglwysig, ynghyd â'r dogfennau eraill, yn archifau'r esgobaethau. Ym 1858 newidiwyd y drefn yn llwyr; collodd yr Eglwys wladol y cyfrifoldeb o weinyddu'r proses profawd, ac o hynny ymlaen hyd heddiw y wladwriaeth fu'r awdurdod profawd. Erbyn hyn trosglwyddwyd casgliadau profawd yr esgobaethau, ynghyd â holl gofnodion yr Eglwys yng Nghymru, i Lyfrgell Genedlaethol Cymru. Y mae'r casgliad yn ffynhonnell gyfoethog o wybodaeth am y gorffennol, ond hyd yn ddiweddar ni thybiai neb ei fod o bwys wrth astudio hanes yr iaith Gymraeg. Gallai chwilotwr bori trwy gannoedd o'r cofnodion profawd heb ddarganfod dogfen Gymraeg.

Mor brin, yn wir, oedd dogfennau Cymraeg fel y tybiai ysgolheigion a fu'n ddigon ffodus i ddarganfod rhai ohonynt ei bod yn werth tynnu sylw atynt. Darganfu Helen Chandler ewyllys, sydd â'i hanner yn Lladin a'i hanner yn Gymraeg, o blwyf Llanidan (Môn, 1539) yn Yr Archifdy Gwladol, a'i chopïo yn ei thraethawd ymchwil 'The Will in Medieval Wales'. Cyhoeddodd y Canon John Fisher, Llanelwy, dyn hyddysg mewn dogfennau, ddwy ewyllys gynnar Gymraeg (Aberriw, 1563; Penmorfa, 1600) yn *Archaeologia Cambrensis*. Cafodd Francis Jones hyd i bedair ewyllys Gymraeg o'r ddeunawfed ganrif a'u cyhoeddi ym *Mwletin y Bwrdd Gwybodau Celtaidd*, a chyhoeddwyd ewyllys Gymraeg o Ynys-y-mond (1734-6) gan Moelwyn I. Williams, hefyd yn y *Bwletin*. Pan aeth Gareth Haulfryn Williams ati i astudio ewyllysiau archddiaconiaeth Caernarfon rhwng 1630 a 1690, archwiliodd 1,052 o ewyllysiau a 689 o restrau eiddo, ynghyd â llu o ddogfennau eraill. Pedair dogfen Gymraeg yn unig a ddaeth i'w sylw, ac yr oedd dwy o'r rheini yn eithriadol o bitw.

Erbyn hyn, fodd bynnag, y mae'r sefyllfa'n bur wahanol. Y mae staff y Llyfrgell Genedlaethol wrthi'n paratoi mynegai i'r holl ddogfennau profawd ac y mae'r canlyniadau hyd yn hyn yn ddadlennol iawn. Pan orffennwyd mynegeio'r cyfnod 1750-1858, gan restru'r dogfennau Cymraeg ar wahân, dyma oedd cyfanswm y cymynwyr a adawodd un neu fwy o ddogfennau Cymraeg wrth eu henwau:

Esgobaeth Bangor	757
Esgobaeth Llanelwy	154
Esgobaeth Tyddewi	77
Esgobaeth Llandaf	8
Archddiaconiaeth Aberhonddu	2

Canran fechan iawn yw'r dogfennau Cymraeg—ceir cyfanswm o 180,010 o gymynwyr rhwng 1550 a 1858 yng nghasgliad y Llyfrgell Genedlaethol, a cheir mwy nag un ddogfen wrth fwyafrif yr enwau. Er lleied yw canran y dogfennau Cymraeg, nid oes yn unman arall gasgliad o fil o ddogfennau cyfreithiol yn yr iaith Gymraeg, dogfennau a dderbyniwyd ac a gadarnhawyd gan yr awdurdodau eglwysig. Er eu bod weithiau wedi paratoi cyfieithiad, rhoddid y profnod ar y ddogfen wreiddiol. Ac nid rhyw nodiadau pitw ar gyfer llunio rhywbeth gwell yw mwyafrif helaeth y dogfennau Cymraeg hyn, ond yn hytrach rhai yr oedd eu hysgrifenwyr yn ddigon parod i'w harddel gerbron yr awdurdodau eglwysig a oedd yn ystyried pob cais am brofawd. Nid yw'r mynegeio eto'n gyflawn ar gyfer y cyfnod 1700-49, ond y mae'r ffigurau hyn ar gael ar hyn o bryd:

Esgobaeth Bangor	22
Esgobaeth Llanelwy	24
Esgobaeth Tyddewi	10

Cyfeiriwyd eisoes at ewyllys Gymraeg yn hanu o Ynys-y-mond, Llangatwg, ym 1736; y mae goroesiad ewyllys Gymraeg o Forgannwg yn y cyfnod hwnnw yn destun cryn syndod.

Y mae'n amlwg, felly, mai eithriadau prin yw ewyllysiau Cymraeg cyn 1750, ond bod cynnydd sylweddol wedi digwydd wedi hynny, yn enwedig yn esgobaeth Bangor. Nid rhyfedd hynny; hyd heddiw esgobaeth Bangor yw'r Gymreiciaf yn y wlad. Ond nid digon yw apelio at draddodiad *pura Wallia* i esbonio blaenoriaeth Bangor. Paham y prinder cyn 1750, a'r cynnydd sylweddol wedi hynny? Ac onid diddorol yw gweld yr awdurdodau eglwysig yn barod bob amser i dderbyn dogfennau Cymraeg? Yn wir, yr oedd rhai o'r dogfennau a gyflwynwyd iddynt yn eithriadol o flêr, megis ewyllys salw Robert Pugh, Llanbedr (Meirionnydd, 1733), sy'n dechrau yn swta fel hyn 'Llythyr cymmun Robert Pugh . . .' Ceir nodyn wrtho sy'n amlwg yn mynegi ofn na fyddai'r ddogfen yn dderbyniol ar gyfer profawd:

If this is not allow'd it is not known who will administer no kin can be found.

Ond bu'r awdurdodau yn drugarog, a rhoddwyd profawd i Robert Evans, ysgrifennwr yr ewyllys.

Wedi'r ewyllys unigryw a brofwyd yn Llundain ym 1539, y ddwy ewyllys Gymraeg nesaf yw'r rhai a ddarganfuwyd gan John Fisher, y naill o Aberriw, sir Drefaldwyn (1563) a'r llall o Benmorfa, sir Gaernarfon (1600). Ni wyddys pwy a gopïodd y gyntaf, ond y mae'r Gymraeg yn hylaw ac yn rhwydd. Y mae'n defnyddio nifer o eiriau ac ymadroddion tafodieithol:

> ugen [ugain], Hydre, trugin [trigain], vyngho [fy nghof], vened [f'enaid], gavff, ynto [?], Cadwalad [dim 'r'], [h]enwd [enwyd], [h]enwes [enwais].

Ceir 'rr' ar gyfer 'rh', a threiglad yn dilyn ffurf ddeuol, sef *dav vysdach ddwyflwydd*. Y mae'r ymadroddion crefyddol agoriadol ganddo yn rhugl, a medrai drafod termau cyfreithiol megis *deledogion, deledogaeth, [g]wisdel, golygwyr*. Ni wyddys pwy a luniodd yr ewyllys, ond yr oedd patrymau Lladin a Saesneg ar gael i offeiriaid a dynion llythrennog eraill; y gallu i gyfieithu a'r cymhelliad i wneud hynny oedd y pethau angenrheidiol, ac yr oedd y cyntaf yn fwy cyffredin na'r ail.

Y mae ail ewyllys John Fisher yn hynotach fyth, oherwydd gwyddys mai yn llaw y bardd Huw Pennant y mae; dengys yr ôl-nodyn sydd ynghlwm wrth y ddogfen fod y cymynnwr Owen Griffith yn bryderus:

> the curate of the parishe beinge not to be had . . . whervppon the saied Hughe Pennant . . . did write the same in the welche tongve for that as hee saied hee could not write the same in Englishe.

Y mae'r gwaith yn gymen iawn, a'r iaith yn llai tafodieithol nag yn y gyntaf; serch hynny, ceir *nessa* [nesaf], *dylêd* ac *nis'kân mor tîr* [nis cânt ddim o'r tir], yn ogystal ag ymadroddion ffurfiol megis *o bydd*, a rhai diddorol megis *perllan fês* ac *un llwdn ar bymtheg o ddefaid*.

8 *Caniad yr Amser, Myfyrdod ar y Bedd* (Aberteifi, d.d.).

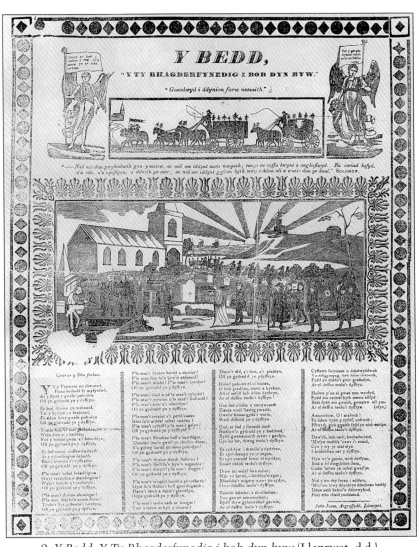

9 *Y Bedd, Y Ty Rhagderfynedig i bob dyn byw* (Llanrwst, d.d.).

Ond rhaid disgwyl tan 1663 am yr ewyllys Gymraeg nesaf sydd ar gof a chadw, sef ewyllys Margaret ferch Griffith, Llanfair Dyffryn Clwyd (1663). Dogfen hynod ydyw, mewn iaith hyderus, gyhyrog, naturiol, a rhaid priodoli hynny i'r ysgrifennwr, Richard Hughes (ni lwyddwyd hyd yn hyn i ddarganfod dim o'i hanes). Y mae'n rhy hir i'w dyfynnu'n llawn, ond dyma beth o'i blas:

> Yn enw duw amen, y chweched dydd ar higen o fis hydref, yn y flwyddyn o oedran Christ 1663 my fi Margaret Gryffyth o dre yr faenol o blwy llanvair o Sir ddinbech ac o Esgobeth Bangor ydwif yn glaf o gorff ond o berffeth safe [sic] sownd a meddwl da moliant a gogoniant i dduw, ydwif yn gwneuthyr fy wllis am testament diwaethaf yn y sut ffurf ar modd y sydd yn canlyn.
>
> Yn gyntaf yr ydwi yn gorchymyn fe Enaid i [?ddwylo] a meddiant Christ Jessu fy mrynwr am achubwr . . . Am corff iw gladdu yn Eglwys llanfair mewn gweddus Christionogawl gladdadigaeth [sic] . . .

Y ddogfen nesaf i oroesi yw ewyllys Hugh John o Benrhywddolion, Betws-y-coed (1676). Er mai dyrnaid yn unig o ddogfennau profawd Cymraeg sydd gennym cyn 1700, rhaid casglu naill ai fod traddodiad o lunio ewyllysiau Cymraeg yn bodoli (ond bod y mwyafrif ar goll) neu fod y dyrnaid hwn yn gwbl eithriadol ac annaturiol! Ond nid ydynt yn annaturiol: myn awdur ewyllys Hugh John fod:

> fy enaid yn orchmynedig ir goruchaf Dduw am corff ir dauar gysegr am da yn y llyfedreth [hynny yw, llywodraeth neu drefn] yma sudd yn canlyn . . .

Y mae'n wir nad iaith bur yr Esgob William Morgan neu Dr John Davies yw Cymraeg ewyllys Hugh John, ac y mae ewyllys Margaret ferch Griffith hithau yn efelychu'r drefn arferol a geid bob amser yn Saesneg. Cyhoeddwyd nifer o lawlyfrau Saesneg yn rhoi cyfarwyddyd ar y ffurfiau priodol i'w defnyddio wrth ddechrau a gorffen ewyllys, ac wrth gyflwyno cymynrodd, megis yn ewyllys Margaret ferch Griffith y cyfeiriwyd ati eisoes:

> fy Ewllis am dymuniad ydiw ac i rydwi trwy fy nhestament presenol hwn yn ordenio rhoi ac yn gadel i Elizabeth, Jonet a Mary yr holl dir yn y Faenol . . . yn heddwch lawn a chael a derbyn a meddianu y tir ar tai ar proffit yn ddirwystr.

Ym mwyafrif yr ewyllysiau rhwng 1700 a 1800 ceir cymysgedd o iaith y Beibl, tafodiaith leol a gwallau iaith, ac y mae'n amlwg fod y seiniau a gynrychiolir gan *i/u/y* wedi peri anhawster i lawer. Y mae'r ymdrech i fod yn gyson i'w gweld yn amlwg yn orgraff ewyllys lafar Hopkin Leyson (Llangatwg, 1736):

> yr wyf yn dodi pobi ugain pynt y'r pedar plentyn ienguaf y . . . yr wyf yn rhoi dwy pynt yn y flwyddyn y fy yngwraig yn ei Gweddod [*sic*] tu ag at ddwyn y fynidd y ddau blentyn iangaf ond os priodif fy yngwraig dos dim iddi . . .

Y mae safon mynegiant y dogfennau Cymraeg hyn yn dystiolaeth fyw iawn i amrywiaeth safon yr iaith ysgrifenedig a arferid gan y Cymry yn ystod yr ail ganrif ar bymtheg a'r ddeunawfed ganrif. Nid y cymynwyr eu hunain, cofier, sy'n ysgrifennu gan amlaf (er bod ambell ewyllys yn llaw y cymynnwr), ond yn hytrach y rhai a ysgrifennai ar eu rhan. Ceir defnydd helaeth o ffurfiau tafodieithol lleol: er enghraifft, yn ewyllys Evan David, Cenarth (1712), ceir *Chawfol* am Chwefror, *hwecheiniog* am chwecheiniog, *plwydd* yn lle plwyf. Yn ewyllys John David, Llandudoch (1821), ceir ymadroddion megis *Shyr Pemfro, fy nhwely* (fy ngwely), *fy nhwrayg* (fy ngwraig), *pobo stwc* (bwced yr un). Yn ewyllys Thomas Lloyd, Nanhyfer (1740), clywir acen sir Benfro yn yr ymadrodd *o wed yn harglwidd*, ac yn ewyllys Owen Phillip, Mynachlog-ddu (1789), crybwyllir *paer o scidie newy.* Yn y sypyn bach o ewyllysiau Cymraeg yn esgobaeth Llandaf ceir *yd ydwyf yn rhoddi fy enaid i Dduw yr hwn au rhows, hyd fora, Carffili, gogyfar, llyfra, ancicher, bord.* Ym mhob achos, wrth gwrs, y mae'r geiriau a'r ymadroddion tafodieithol yn adlewyrchu iaith ysgrifennwr yr ewyllys.

Wrth reswm, y mae tafodiaith Gwynedd i'w chlywed yn gryf yn ewyllysiau esgobaeth Bangor. Yn ewyllys John Thomas, Llanfaelog (1821), ceir *fy mhetha, y cwbwl holld om heuddo, ysdyrbio.* Yn rhestr eiddo Richard Williams, Llanfaelog (1798), cyfeirir at y *giegin,* a gadawodd Margaret Price, Llanfaelog (1815), eiddo i *wuras.* Ymhlith eiddo Robert Hughes, Trefdraeth (1755), yr oedd *Tair bywch a Lloia tanyn.* Yn rhestr eiddo Peter Williams, Llechcynfarwy (1760), yr oedd un ar ddeg ceffyl a *4 o gowion sugno.* Dro ar ôl tro gellir clywed llais unigolyn yn treiddio trwy'r ffurfioldeb, er enghraifft, yn ewyllys Evan Williams, Trewalchmai, ym 1737:

> rwi yn rhoi pymthag pynt i Margred Evanes fy merch a gwely a dillad a ffadall leia oedd gan i nain o ddwy a chist wensgod ai rhoi bith yn rysgol i gael dysgy gwnio a darllen hefyd . . .

> rwi yn deisyfy ar Mr John Evanes a Mr John Ryddarch edrach am chwara teg ir blant am i petha . . .

Geiriau nas ceir byth mewn ewyllys Saesneg yw rhagenwau'r ail berson *thou, you.* Ond yn ewyllys Edward Spicer, Llanbeulan (1728), y mae'r dyn claf fel petai'n llefaru eto wrth i'r geiriau newid o'r trydydd person i'r ail:

> Rwi fi rhoddi im mab Moris Edward chweigien yn arian; rwi yn dymuno arnoch fod yn amarhois am danun . . .

> Rwi fi yn rhoddi im merch Ellin Edward chweigien yn arian na [= neu] i gwerth os budd ych mam ynghyfreth yn gallu chwi gewch ran ar i hol.

Yn ogystal â'r safonau amrywiol ym mynegiant yr ewyllys, ceir amrywiaeth hefyd yn y termau cyfreithiol a ddefnyddid, ac nid syn hynny o gofio bod y Gymraeg, er ei bod yn cael ei defnyddio at bwrpas swyddogol, eto yn parhau yn iaith answyddogol. Ceir amryw ffurf ar y gair Saesneg *executor*, megis *scutor*, *secitor* a *sectwr* heblaw *gweinyddwr*, a cheir *llywodraethwraig* unwaith am 'ysgutores'. Yn ogystal â'r gair cyffredin 'tystion', ceir *tysdion*, *witnestodd*, a *tysdiolath*. Y mae'r orgraff Saesneg yn ddigon od hefyd; ceir *diseased* yn lle *deceased*, a sawl ffurf amrywiol ar y dodrefnyn cyffredin *jesterdrors*. Ceir ymadroddion eraill megis *coopord threepiece*, a *feier* (S. fire). Parai'r gair *inventory* (rhestr eiddo) anhawster i lawer: ceir *infantari*, *unmantari*, *infitary*, *enfantarey* a *vineindari*; yr oedd yn well gan rai priswyr ymadrodd megis *cyfri eiddo*. Mwy annisgwyl yw'r ymadrodd a geir ar ddechrau ewyllys Mari Johnes (Trewalchmai, 1737):

Llythyr Cymyn ney barabl Diweddar Mari Johnes . . .

Yn achlysurol, ceir ffurfiau annisgwyl megis y treigladau ar ôl rhifolion yn rhestr eiddo Peter Williams (Llech-cynfarwy, 1760), sy'n cynnwys *8 muwch* ac *8 nafod* (dafad). Yn ewyllys Margaret Wynn (Llangristiolus, 1781), gwelir y modd dibynnol yn fyw iawn yng nghanol iaith ddigon sathredig:

am hyny rwyn rhany fu [= fy] na bydol tra bothwy yn fy llawn bwull . . .

Yr oedd amrywiaethau ar y ffurfiau *bo*, *bwyf* yn eithaf cyffredin.

Ceir ambell enghraifft o ddyn yn ysgrifennu ei ewyllys yn ei law ei hun, a chan amlaf y mae safon yr iaith yn uchel. Nid yw hynny'n syn yn achos Thomas Williams (Gwilym Morganwg), bardd, tafarnwr ac eisteddfotwr o Lanwynno, a fu farw ym 1835. Lluniodd John Jenkins, gweinidog gyda'r Bedyddwyr ym Mynyddislwyn (1853), ei ewyllys ei hun mewn Cymraeg coeth. Ond ganrif cyn hynny cafodd Rowland Jones, Llanbadrig (1732), gryn anhawster i'w fynegi ei hun, a dewisodd hepgor y llythyren *y* bron yn gyfan gwbl:

Dumma ar Lluthur Cummun udwif i un ei osod allan
om hollt cownt am cufrif cerbron duw a dunion cin
nesed ac a medrwif . . .

Does genif dim irannu rhwng fu frins o herwudd fu
nuledsudd fawr ithau ac ir wifi yn gobeitho na fudd neb
un anrigarog wrth fu ngwraig om hachosi . . .

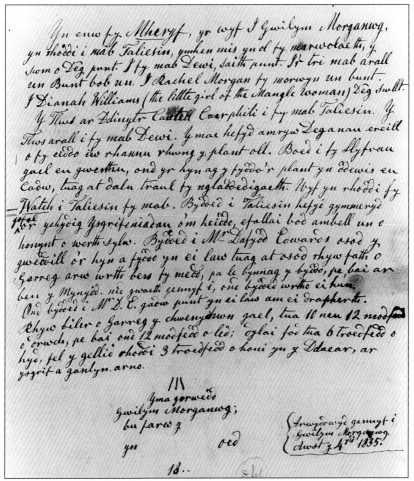

10 Ewyllys y bardd a'r eisteddfotwr, Thomas Williams (Gwilym
Morganwg) 1835.

Dyma eto lais y Cymro Cymraeg na chawsai fawr ddim addysg ffurfiol yn ei iaith ei hun. Teimlai'r angen i ymddiheuro:

> fi a scrifenais hun o waith om Llaw fu hun pwu bunac a darllenio cumerad amser i gonsidrio fu ngeiriau canus nid wifi un bur huddusc un u scrifen gumraeg . . .

Eithriadau yw dynion megis Gwilym Morganwg a Rowland Jones, sy'n mynegi'n eglur mai hwy a ysgrifennodd eu hewyllysiau, oherwydd gan amlaf ni ellir dweud pwy yn union a oedd yn gyfrifol am y dogfennau ysgrifenedig. Weithiau, y mae modd dilyn cyfres o ddogfennau yn yr un llawysgrifen, a chyda'r un enw yn ymddangos bob tro ymhlith y tystion. Er enghraifft, y mae pymtheg o ewyllysiau plwyf Trewalchmai wedi goroesi o'r cyfnod 1737-59. Y mae pedair ohonynt yn Saesneg a'r gweddill yn yr un llawysgrifen, gydag enw Hugh Evans ymhlith y tystion. Yr ewyllys olaf yn y gyfres yw ei eiddo ef ei hun, ond ym 1762 ceir ewyllys ei weddw, Dows Roberts, mewn llawysgrifen wahanol ond yn defnyddio fformwlâu ieithyddol nas ceir mewn ewyllysiau o blwyfi eraill. Yng ngodre sir Aberteifi lluniodd Thomas Harry o leiaf chwech o ewyllysiau Cymraeg rhwng 1789 a 1813, ac ym mhlwyf Henllan, Dinbych, lluniodd Robert Prichard yntau ewyllysiau Cymraeg rhwng 1722 a 1730.

Er bod yr arfer o alw offeiriad i lunio ewyllys yn llai cyffredin erbyn y ddeunawfed ganrif nag y buasai cyn hynny, yr oedd yn amlwg y gallai'r swyddogaeth basio i ddwylo gweinidogion Ymneilltuol. Yn sir y Fflint yr oedd William Pierce yn weithgar iawn; ysgrifennodd ewyllysiau Joseph Rogers a William Jones, y ddau o Laneurgain, ym 1848, a phan fu dadl ynglŷn ag ewyllys William Jones, galwodd yr awdurdodau ar William Pierce, Plas yn Rhos, Rhosesmor, 'Minister of the Gospel', i roi tystiolaeth.

Nid ewyllysiau yn unig a geid yn Gymraeg ymhlith dogfennau profawd. Yr oedd ymrwymiad ar bob ysgutor i sicrhau rhestr o eiddo symudol yr ymadawedig, boed yn dda byw, offer fferm neu ddodrefn yn y cartref, a byddai cymdogion yn cyflawni'r gwaith hwn ar ran yr ysgutor. Ceir rhai ewyllysiau Cymraeg ynghyd â rhestri eiddo Saesneg neu ddim rhestr o gwbl, a cheir rhai rhestri eiddo Cymraeg gydag ewyllysiau Saesneg. Ond y mae ewyllys Gymraeg a rhestr eiddo Gymraeg yn bethau cymharol brin. At ei gilydd, erys nifer sylweddol o restri eiddo Cymraeg o esgobaeth Bangor, a nifer llai o Lanelwy; y maent yn brin eithriadol yn Nhyddewi ac ni cheir yr un o Landaf. Yr oedd priswyr eiddo Hugh David (Llanfaethlu, 1792) yn hynod ansicr wrth geisio cwblhau eu tasg:

> Dyma amcan dau o wur sef Wi. Williams a Robert Thomas o bluw llanfauthlu yn Sir fôn wrth geisio rhoddi pris ar ddillad yn [= un] Hugh Dafidd . . . yn ôl ag fedrason rhoddi o bris arnunt fel ag y gellir rhoddi hatab or petha hun trwu Lw os budd rhaid . . .

Prif ddiddordeb y rhestri eiddo Cymraeg yw'r termau technegol a ddefnyddid, yn enwedig ar gyfer offer amaethyddol. Y rhestr hynaf sydd wedi goroesi yw eiddo William Glynne, yswain, o Glynnog (1661). Y mae prif ran y rhestr yn Saesneg, ac ar y diwedd dywedir yn swta mai gwerth yr offer amaethyddol oedd £3 4s. 10c. Ond wedi hynny ceir rhestr hir o'r holl offer yn Gymraeg, yn cynnwys termau megis:

> sach arad, cribin, denudd strodur, denudd turnen melin, carr, sled, pren carr, berfa, myngci, oge, pensigle a thidleder, swch a chwlltwr, danedd ogge.

Bron ddwy ganrif wedi hynny, yn un o'r rhestri eiddo Cymraeg olaf yng nghasgliad Llyfrgell Genedlaethol Cymru, sef eiddo Owen Owens, Tyddyn Hen, Llanfaelog (1854), enwir:

> Ingian eithin a lymbers Coed, Gweithdy Saer lymbers pigwyrch rhawia Pladiria Crymana a dwy ferfa, drol, gers y Drol ar Gers aredig, llestry ysgubor Sacha a gogra ffouls . . .

Mathau eraill o offer y cyfeirir atynt mewn amrywiol
ewyllysiau yw dillad nithio, cyfrwy a ffrwynau, gwasg a
maen llifio, nithlen, tröell wlân, buddai, gordd, rhawiau, pâl
a chaib, pladur, cribiniau, ac ystroduriau. Ceir hefyd
ymadroddion torfol megis *Rarfa*, hynny yw, yr arfau neu'r
offer ffermio, ac mewn rhestr arall ceir y gair *Cerwsmonaeth*,
hynny yw, gêr hwsmonaeth.

O ran anifeiliaid, ceir cyfeiriadau difyr megis *yr hen fuwch
heb ddim danedd* a oedd yn eiddo Evan Foulkes, Allt Ddu,
Llansannan, pan fu ef farw ym 1767. Daliai ychydig o
ffermwyr i gadw geifr, ond erbyn y ddeunawfed ganrif nid
oeddynt mor boblogaidd ag y buasent; serch hynny,
rhestrwyd *tair o gowion geifr* Robert Williams, Trewalchmai,
ym 1781, a gadawodd Robert ddwy haid o wenyn i'w ferch
Mary. Gadawodd William Roberts, Llanfaelog (1772), *hen
fuwch Gûl ag yn fyswynog* ymhlith ei stoc ef. Yn sir Fôn
defnyddiwyd y gair *llun* mewn ymadroddion megis *dau lun o
gyffylau*. Y mae blas iaith arbennig Ynys Môn ar y rhestr
ganlynol o anifeiliaid John Owen, Llanfaelog (1791):

> Moch ar Gwydda ar Hwyiad ar Ieir, Buchod ar Lloua
> bach, Llo Glub, Dunewid, Defaid ar wyn, Ceffulau.

Y mae'r rhestr hon yn fwy amheuthun na sawl un, oherwydd
enwir ystafelloedd cartref John Owen:

> y Shambar, y Gegin, y Ty Llauth, y Storws, Llofft ganol,
> Llofft Shambar, y rentri, y Scubor.

Prinnach o lawer yw cyfeiriadau at gnydau, ond gadawodd
Owen Owens, Llanfaelog (1854), y canlynol:

> Tatwys, Ceirch, Haidd, Gwair, Gwenith, Gwellt, ffa . . .

Byddai Joseph Hughes, Llanfaelog (1857), yn tyfu *pytatws a
rwdings*, ac y mae rhestr eiddo Thomas Lloyd, Llangristiolus
(1763), yn gwahaniaethu rhwng *gwair gwndwn* a *gwair
gweun*.

Er mai o Wynedd y daw'r mwyafrif llethol o restri eiddo, ceir ambell un yn esgobaeth Tyddewi sy'n adlewyrchu iaith y fro, megis rhestr eiddo Catherine Daniel, Llanwenog (1835), a gynhwysai ymhlith pethau eraill:

> trybedd, coporth, coforcist, Cidle fwrn Crochan, plank trybedd, sciw, 2 fetan, barke . . .

Enwir llawer o ddodrefn yn y rhestri eiddo. Gadawodd John Prichard, Bod Drwnsiwn, Llanfaelog (1781), y canlynol:

> Cwpwrth pres, tair Cist wensgod, Tair pedell ag ysgelet, bwrdd llestri, Cwpwrth Tri Darn, Tresar ar pewters, troulla, fudda ar cafn pobi ar ystolion, Credelli a'r trybaddi ar Bach a Crochon a Efal, Crychana, Dwy faingc ar potia priddion, Cynwyll Breni ar fegin . . .

Mewn rhestri eraill enwir clociau yn aml, ynghyd â watsys a beiblau, a chyfeirir at lyfrau eraill, ond heb gynnwys unrhyw fanylion amdanynt. Enwir dodrefn megis canwyllbrennau, cist cilfachog, a llestri eraill megis sgrin, mort, cwch halen, *hauarn smwfio*, gogor sidan, cafn pobi a basged flawd, cewyll, ysgolion, llestri darllaw a *ffyrcennau* [S. *firkins*, sef casgennau]. Cyfeirir at offer arall gyda'i gynnyrch, megis gwasg caws ac wyth cosyn, ac at fesurau bwyd megis *dau gibynaid o ffa a'r un Swm o wenith*.

Enwir eiddo mewn ewyllysiau yn ogystal ag mewn rhestri eiddo. Yr oedd dodrefn prin Owen Davidd (Eglwys-bach, Llanelwy, 1763) yn werthfawr yn ei olwg ef:

> rydwi yn gadel i fyngharedig wraig Mary Humphrey y gist gyffylog ar blawd sydd ynthi yn yr hon sydd yn Siambar isa ar ddau Wely sydd yn run Siambar ar Dillad arnun ar Cwpwrdd Pres [S. press] ar Dreser ar Cwbl sydd arni ar Gist wensogoyd . . .

Ni cheir yr un rhestr eiddo ymhlith yr ychydig ddogfennau Cymraeg sy'n hanu o esgobaeth Llandaf, ond y mae ewyllys

David Francis Hugh, halier (Merthyr Tudful, 1845), yn enwi ei holl ddillad:

un hat, Tri Phar o Esgidiau, a Phar o Pytasau [boots], Dwy got, un Trowsus, chwech gwasgod fach, chwech cris a Phedair ancicher . . .

yn ogystal â'i oriawr, ei ddryll a'i Feibl. Nid oedd gan y bardd a'r eisteddfotwr Gwilym Morganwg (Llanwynno, 1835) ond ychydig o bunnoedd, ei dlysau eisteddfodol, ei oriawr a'i lyfrau i'w rhannu, ynghyd â gorchmynion ynglŷn â pha fath o garreg fedd y dymunai ei chael.

Gwaetha'r modd, nid oes llawer o dystiolaeth yn y dogfennau ynglŷn â'r crefftau a oedd mor bwysig ym mywyd pob cymuned. Ond yr oedd Thomas Lloyd, gŵr bonheddig o Langristiolus, a'i weision yn trin cywarch (S. hemp); rhestrir cribau a philion cywarch yn ei restr eiddo ef ym 1763. Yr oedd gan Robert Hughes, Trefdraeth (1755), dröell wlân, naw llathen o liain a gwerth chwe swllt o wlân, ac ysdol 12 werthyd i gynhyrchu edafedd.

Er bod y cyfrifon neu'r cowntiau yr oedd yn rhaid i'r ysgutoriaid eu cadw bron i gyd wedi diflannu, y mae'r rhai a erys yn werthfawr, oherwydd nodant ddyledion a chyfrifoldebau ariannol yr ysgutoriaid, a dangosant weithiau nad oes modd dibynnu ar y rhestr eiddo na'r ewyllys i roi amcan o gyfoeth yr ymadawedig. Cadwyd dyrnaid o gyfrifon cwta yn Gymraeg, megis o weinyddiad ewyllys Richard Lewis, labrwr o Lanfaelog, ym 1855:

Gost ir doctor	£3.0.0
yr arch	£2.5.0
gost y shop	£7.3.0
gost y claddy	£2.7.6

Y syndod yw fod Richard Lewis, er ei fod yn labrwr, wedi llwyddo i adael cymaint â £52 mewn arian parod.

Yn achlysurol iawn ceir cofnodion Cymraeg nad ydynt yn

ddogfennau profawd fel y cyfryw, ond sydd eto'n dangos yr iaith ar waith ym maes y gyfraith. Ynghlwm wrth lythyr gweinyddu nwyddau Edward John Prees (Ceirchiog, 1692) y mae derbynneb nad oes a wnelo hi ddim ag unrhyw broses profawd, ond sy'n cofnodi taliadau i ddynion am eu llafur. Dyma'r math o ddogfen sydd wedi diflannu bron yn gyfan gwbl heblaw am y rhai Saesneg a geir ym mhapurau'r ystadau mawr. Ym 1856 lluniwyd ewyllys Thomas Roberts, Llandygái, yn Saesneg, ond y mae dernyn o bapur ynghlwm wrthi sy'n dweud:

> Mai 12 1856 yr wyf fi Robat Roberts wedi gayl fy moddloni yn nghylch ewyllys fy nhad gan James Morris.

Nid enwir y naill na'r llall yn yr ewyllys ei hun.

Y mae cofnod profawd Gabriel Griffiths, Llangystennin (1748), yn eithriadol o ddiddorol. Ni cheir na rhestr eiddo nag ewyllys, dim ond ffurflen brintiedig yn dynodi'r sawl a fyddai bellach yn gyfrifol am weinyddu eiddo'r marw, a nodyn y swyddog profawd ar gyfer William Griffith, brawd Gabriel. Dywed y nodyn:

> Y newch chwi Administrio eiddo Gabriel Griffith ych brawd yn cywyr ag yn union ti ag at tali ei dyled ef cyn belled ag ei mae ei eiddo ef yn gyrraedd a'r Gyfraeth yn eich rwymo chwi ar y Llw y cymmerasoch.

Y mae'r llw hefyd wedi ei ysgrifennu ar yr un papur:

> i'r Cwestiwnie yr ydis yn gofyn i chwi rhaid i chwi atteb y Gwyr yr hollt Wyr a ddim on'd y Gwyr fel y Cymhortho Duw i chwi ar Geiriae bendigedig sidd yn y Llyfr ymma.

Dengys y dogfennau bychain hyn fod y Cymry yn barotach i ddefnyddio'r Gymraeg yn ffurfiol nag a dybiwyd yn y gorffennol.

Pwy yn union oedd y bobl y mae'r dogfennau Cymraeg hyn yn eu cofáu, ac yn lle yr oeddynt yn byw? Allan o'r 912 o wŷr a gwragedd y mae eu cofnodion profawd yn cynnwys dogfennau Cymraeg yn esgobaethau Bangor a Llanelwy rhwng 1750 ac 1858, cofnodir galwedigaethau unigolion (gwrywod bob un) fel hyn:

	BANGOR	LLANELWY
Ffermwyr/iwmyn/tenantiaid	222	80
Labrwyr	27	1
Crefftwyr	25	6
Chwarelwyr/seiri maen/mwynwyr	17	3
Busnes/proffesiwn/masnach	8	9
Gwŷr bonheddig	6	-
Morwyr	3	-
Tlotyn	1	-

Er nad yw'r prosiect mynegeio wedi ei orffen, rhestrir y rhai y gwyddys amdanynt fel a ganlyn:

	BANGOR	LLANELWY	TYDDEWI	LLANDAF
Cyn 1700	6	2	?	?
1700-09	-	2	-	-
1710-19	1	3	3	-
1720-29	2	8	2	-
1730-39	10	6	-	1
1740-49	8	5	5	-
1750-59	15	3	2	-
1760-69	61	9	5	-
1770-79	53	8	6	-
1780-89	74	6	3	-
1790-99	66	12	8	-
1800-09	33	6	10	-
1810-19	53	8	5	1
1820-29	66	12	6	1
1830-39	77	20	12	1
1840-49	107	32	9	2
1850-58	140	38	6	3

Y mae'r ffigurau amrwd hyn yn peri i ni ofyn tri chwestiwn: paham y cafwyd cynnydd mor drawiadol yn chwedegau'r ddeunawfed ganrif yn esgobaeth Bangor, paham y cafwyd gostyngiad yn ystod 1800-09 yng ngogledd Cymru ond nid yn Nhyddewi, a phaham y cafwyd cynnydd eto o 1830 ymlaen? Cwestiynau syml i'w gofyn yw'r rhain, ond ysywaeth nid ydynt yn rhai hawdd i'w hateb. Un esboniad posibl ar y cynnydd cyffredinol fyddai priodoli'r cynnydd i ddylanwad ysgolion cylchynol Griffith Jones, ond petai hynny'n wir gellid disgwyl cynnydd sylweddol hefyd yn esgobaeth Tyddewi, lle'r oedd y mudiad ar ei gryfaf. Ond ar hyn o bryd nid oes modd cynnig atebion pendant. Rhaid wrth astudiaethau manwl, yn enwedig o safonau a lefelau llythrennedd ymhlith y Cymry Cymraeg, cyn y gellir datrys y dirgelwch.

Problem lawn mor ddiddorol, y bydd angen ymchwil hir a manwl i geisio ei datrys, yw dosraniad daearyddol yr ewyllysiau. Ymddengys fod rhai ardaloedd o'r wlad yn llawer mwy Cymreig na'i gilydd. Paham, er enghraifft, yr oedd y nifer o gymynwyr a adawodd ddogfennau Cymraeg ar eu hôl gymaint yn uwch ym mhlwyf Llanfaelog (35) nag yn Llangefni (5)? Y mae'n anodd credu bod saith gwaith mwy o drigolion yn y naill blwyf na'r llall, ac anos fyth yw credu bod pobl Llangefni yn llai Cymreig na phobl Llanfaelog. Paham, yn esgobaeth Llanelwy, y mae 22 o ewyllysiau Cymraeg o Lansannan, a dim ond un o blwyf Nantglyn? Diau fod dylanwad unigolion megis Thomas Harry, Robert Prichard a Hugh Evans yn bwysig yn eu hardaloedd eu hunain. Byddai astudiaeth fanylach yn ein galluogi i ddod i adnabod rhagor o'r unigolion dylanwadol hyn, ac i wybod mwy am eu cefndir crefyddol ac addysgol. Eto ni fyddai'n esbonio'r holl amrywiaethau daearyddol a welir yn y cofnodion. Paham, er enghraifft, y mae pedair ar ddeg o restri eiddo Cymraeg i'w cael ym mhlwyf Trefdraeth, ond dim ond un ewyllys?

Yn ogystâl â'r gwahaniaethau yn y cyfansymiau plwyfol, y mae gwahaniaethau hefyd i'w cael yn y canrannau. Y mae'r tabl isod yn dangos nifer y cymynwyr a adawodd un neu fwy o ddogfennau Cymraeg ar eu hôl, a chyfanswm yr holl gymynwyr am yr un cyfnod. Dyma ychydig enghreifftiau o'r esgobaethau gogleddol am y cyfnod 1750-1858:

PLWYF	DOGFENNAU CYMRAEG	CYFANSWM Y DOGFENNAU YN Y DDWY IAITH
Llanfaelog	35	100
Trefdraeth	14	157
Llaniestyn (Caern.)	15	133
Aber-erch	15	222
Llannor	16	300
Aberffraw	13	157
Ceirchiog	9	34
Llangwyfan	4	42
Llansannan	21	223

O graffu ar ddosraniad daearyddol dogfennau Cymraeg sir Fôn, gellir awgrymu ychydig o ddylanwadau. Y mae dogfennau Cymraeg yn brin iawn yn ardaloedd trefi Biwmares a Chaergybi, ac yn gwbl absennol yn Amlwch a'r ardal o'i chwmpas. Y maent yn brin hefyd yn ardal Plasnewydd. Gellir priodoli hyn i Seisnigrwydd y trefi a'r plastai, i ddylanwad y diwydiant copr yn ardal Amlwch, ac effaith y porthladd yng Nghaergybi. Diddorol yw gweld y crynhoad a geir yn ne-orllewin yr ynys lle nad oedd dylanwad ystad Bodorgan mor niweidiol i'r Gymraeg ag yr oedd Plasnewydd a Baron Hill.

Er mor ddiddorol yw'r gwaith o hidlo a thrafod defnydd y dogfennau profawd o safbwynt iaith, eiddo, tarddle ac ati, ni ddylid anwybyddu hanes y cymynwyr eu hunain. Diau fod modd cael hyd i gerrig beddau rhai ohonynt, a chyfeiriadau dogfennol at eraill. Ceir enw Morys Prichard, tad y Morrisiaid, yn dyst i ewyllys William Pugh (Penrhosllugwy, 1742). Ond am y mwyafrif, y dogfennau profawd yw eu hunig gofebion. Gan amlaf, gellir anwybyddu y fformwlâu crefyddol a ddefnyddid (yn llai aml wrth i'r blynyddoedd fynd

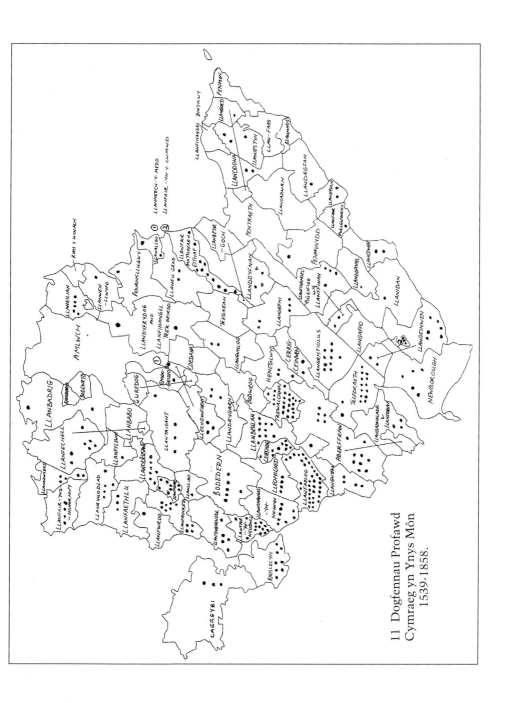

11 Dogfennau Profawd
Cymraeg yn Ynys Môn
1539-1858.

heibio) ar ddechrau ewyllysiau, oherwydd eu bod mor
ystrydebol. Ond y mae'n debyg mai mynegi ei ffydd bersonol
a wna geiriau cychwynnol ewyllys Evan Evans, Bedwas
(1815), ynghyd â'i weledigaeth o Ddydd y Farn:

> yr ydwyf yn Rhoddi fy Enaid i Dduw yr hwn au rhows, a
> fy ngorff ir ddauer Or hon y Cymerwyd Ef, hud fora
> Mawr yr Atcyfodiad, pan byddor flwydd yn y Cwmwl
> Codwch feirw a Dewch Ir farn . . .

Poenai Evans am dynged ei wraig, a dymunai:

> iddi rhoi pob peth u fynudd a mynad At un ou merched,
> ney ynta rhan gydar Naill a rhan gydar Llall, ond Os
> budd hi yn chwenych Buw Mewn Tu eu hynan, rhaid I
> chwi y Sectwyr, Mofun Am du Mewn rhyw le Cyfleus . . .

Yr oedd Dafydd Thomas, labrwr o Lanofer (1828), yntau yn
Ymneilltuwr selog; gadawodd ef ei holl ddodrefn *at
wasanaeth y Cenhadon* a'i arian:

> hanner o honynt at achos yr Arglwydd yn Blaenafon, ar
> hanner arall at Dali Dyled y tai Cyrddau yn Sir fynwy . . .

Yn esgobaeth Llanelwy hefyd ceid rhai Ymneilltuwyr
brwd. Gadawodd Robert Roberts (Llansannan, 1815) ei
gartref i ymddiriedolwyr capel Tan-y-fron ar yr amod y câi ei
weddw fyw yno tra byddai byw ac yn:

> . . . ymddwyn yn addas ir efengil mewn barn ac
> ymarweddiad ag fod gan y trustees awdurdod iw bwrw
> hi ymaith os byddant yn gweld hyn yn orau . . .

Gŵr arall a oedd yn ofalus o'i gyd-Ymneilltuwyr oedd John
Roberts (Llansannan, 1793). Ceir nodyn bach blêr ar yr
ewyllys:

> y rest or arian att achos yn harglwydd ag i wneyd sied
> [h.y. sêt] yn y Capel ir Rhai sydd Heb glowed yn Dda . . .

Yr oedd John Roberts yn ddibriod ac wedi marw cyn ei dad Robert Jones. Ysgrifennwyd nodyn dros yr hen ŵr ar gefn yr ewyllys:

Rhwi fi Robert Jones yn Gwybod may fi Pia yr Eyddo John Roberts fy Mab hwn a fy Farw ond Rwif yn bodloni ei Rhoddi ai gweneythyr yn y modd may Ewyllys yn gofyn. Ag yn modd Dywedoedd yn babyr wrth Thomas Lloyd . . .

Un o'r ychydig gymynwyr Cymraeg a enwir yn *Y Bywgraffiadur Cymreig* yw Daniel Evans (1774-1835), gweinidog gyda'r Annibynwyr yn Eglwyswrw a sefydlodd nifer o eglwysi yn ardal Bangor cyn symud i Fynydd-bach, ger Abertawe. Ei ddymuniad oedd:

cael fy nghladdu gan fy nghyfeillion anwyl yn y Mynydd-bach, yn y gladdfa berthynol i mi yn y lle . . .

Gadawodd bopeth i'w wraig Jane, a gellir clywed ei lais a synhwyro ei falchder:

yr ydwyf yn rhoddi y cyfan a feddaf yn y byd hwn o bethau naturiol i fy Anwyl wraig Jane Efans, ie, o bob rhyw a natur, ie, holl ddodrefn y ty; gweliau, a'u pethau perthynol, ie, dillad dydd o bob math, a dillad nos yr un modd. Hefyd yr ydwyf yn rhoddi iddi fy holl lyfrau, y rhai a bwrcaswyd genyf am arian, ynghyd a'r rhai a ddifaiswyd genyf, ac a gyhoeddwyd genyf . . .

Yr oedd yn awdur nifer o lyfrau diwinyddol. Ond ceir awgrym hefyd fod rhyw dristwch teuluol yn ei hanes:

Os daw John fy Mab yn ol o'r America, bydd rhaid i Jane Efans, ei lysfam, i dalu swllt iddo yn mhen un dydd a blwyddyn ar marwolaeth ei dad . . .

Go brin y deuai'r ddafad ddu adref i'r fath groeso, ond yr oedd yn rhaid cynnwys ei enw gyda rhodd mor bitw er mwyn ei rwystro rhag hawlio rhagor o eiddo ei dad.

Un mwy bydol ei ddiddordebau oedd Peter Roberts (Llansannan, 1829). Disgrifir ef fel siopwr, ond fe'i cyfrifid ym mhlwyf Llansannan yn ddyn sylweddol iawn. Heblaw'r *tai a'r gerddi a elwir Pentre ymlwyf Llanufudd*, derbyniai rent safleoedd capeli y Bedyddwyr a'r Methodistiaid Calfinaidd, crofft Penucha'r Llan, Tyddyn Ffynnon-du, tŷ John Roberts y crydd, *y tai ar gerddi ar hovelydd sy yn penucha'r Llan*, Cae'r fynwent, Tyddyn Cefn-byr a nifer o dai eraill. Rhannwyd y rhain rhwng ei ddau fab a'i bedair merch. Cafodd ei wraig:

> y ty hwn lle yr ydym yn byw yr holl dy ar shop a'r seler warehouses y Bruse ar Stabal ar ardd ty cefn ir bruse ar Hovel y back yard . . . y stock sydd yn Shop a'r Counter ar Silfodd y drors y cwbl o'r Fixtures a holl ddodrefn y ty . . .

yn ogystal â stoc y busnes a'r anifeiliaid a oedd ganddo yn fferm Cefn-byr. Yr oedd yn gymeriad a haeddai sylw Daniel Owen.

Cyfalafwr mwy annisgwyl oedd John Williams o Aberystruth, sir Fynwy, a fu farw ym 1846. Glöwr ydoedd, ac felly ei fab Thomas yntau, ond cymynnodd i'w wraig:

> y pump Tŷ ynghyd a'r gerddi a'r oll perthynol iddynt, y rhai ydynt fy eiddo i . . .

Yn ôl y rhestr eiddo, yr oedd yn meddu ar bum bwthyn ar brydles a chanddi 46 mlynedd yn weddill, ac yr oedd morgais arnynt, oherwydd yr oedd arno drigain punt o ddyled, heblaw deg punt o rent ar y tir. Byddai chwilota manwl yn datguddio llawer mwy o rai tebyg i John Williams, dynion yr oedd ganddynt ddigon o egni a gweledigaeth i ddatblygu tai ar gyfer eu cyd-weithwyr. Yr oedd David Francis Hugh, halier ym Merthyr Tudful (1845), hefyd yn rhychwantu bydoedd cyfalaf a llafur; yn hen lanc, yr oedd wedi crynhoi £71, rhan sylweddol o'r swm yn rhent a dalwyd gan ei denantiaid. Dibynnodd ar ei arian clwb i dalu costau ei gladdedigaeth.

Gan amlaf, byddai dynion priod yn trin eu gwragedd yn deg wrth lunio eu hewyllysiau, gan sicrhau iddynt le i fyw,

Infentari sêf Cyfri o ddâ a chattel a Dodrefn Tŷ a phob
peth arall o eiddo Alce Morus o Drê'r Abad isa ymhlŵy
Henllan yn sir Ddinbych ac yn Esgobaeth Llanelwy, yr hyn
a brisiwyd fel y mae yn canlyn ar yr 11, ar 16, Dyddiau o fis mai
yn y flwyddyn 1726 gan y priswyr a honnir yn ôl hyn.

	£	s	d
6 eidion	18	10	00
Bustach a hoffer	4	5	00
4 o rai dwy flwyddied	6	5	00
8 o ddyniowid	6	00	00
Buchod y fuches ar Earw	39	6	00
Cyffylŵ	7	00	00
Defed	45	00	00
Cist a chrwth halen	00	2	00
Llestri coed	2	3	00
y n'ase y canf ar Canf lestri	00	5	00
y trestl ar gardie	00	5	00
Clorian a bwyse a rhyw fan hoirn	00	5	00
Bwyell ac ebillon, trosol haiarn rhanie a phicffyrch	00	2	4
Tide a throsi a hoirn 'r eryd	00	17	6
Ystrodurie a rhaffe, a chloddydde coir cribinie, trosd pladur	00	1	00
a trad ac ogs iswo pladurie haiarn gwair haiarn chwt			
Coir ac ysgolion rhanie mawn myngcie		5	6
Fflethi a berfoi llidiarde au drunudd	00	9	6
Crymane gefol bedoli a mwythwl			
Crybedd gradell gefail a haiarn canhwylle cadnon crochan	00	2	00
Silffoedd carcane ar cribe	00	8	6
y plangcie	00	3	00
Maingcie trestal ystol cornyn ystol cribe	00	3	00
y cwpwrdd	00	2	2
Bwrdd llestri	2	10	00
y grin	00	4	00
Piowtor	00	8	00
Cryn swrio dysgil ymonyn cawg pren	00	8	6
Noo 2 scôp rholbren dysgil bren pren pebi	00	2	00
ladal blwch ymonun mwlin bupur	00	3	00
padell	00	8	00
padell	00	0	8
padoll	1	17	6
padoll	00	2	6
Crochan pres	00	8	00
cottol haiarn	00	2	00
yn y siambar — Cist	00	14	00
Cist arall	00	10	00
y pren gwelu nesa ir ffenest	00	6	6
y pren gwelu arall	00	5	6

12 Rhan o restr eiddo Alice Morris, Henllan, sir Ddinbych, 1726.

incwm os oedd modd, a chyfran o'r eiddo. Er enghraifft, cyn i Robert Roberts, Llansannan, farw ym 1815, gadawodd i'w wraig:

> Log wyth ugain punt yn [y] flwyddyn ar gwely sy yn y llofft wrth ben llawr y ty ai ddillad ar llestri pridd i gid a daugrochan ar radell ar llestri te . . . [a'r] ferlen orau sy yn y mynydd . . .

Gwelsom eisoes mai ffurfioldeb yr ysgrifennydd yn hytrach na dyfyniad o wefusau'r cymynnwr oedd y gair *beloved* i ddisgrifio gwraig, ond yn achos Robert Williams, Trewalchmai (1781), y mae'n amlwg fod ysgrifennydd ei ewyllys yn cofnodi teimladau'r dyn ei hun, a rhai o'i eiriau ef ei hun:

> a rest i gyd om eiddo . . . yr ydwyf yn ei rhoddi i Margreat Jones fy ngwraig am fy ymgeleddu yn gumwus hyd ddudd fy marwolaeth . . .

Yn ystod y cyfnod modern cynnar byddai rhai dynion yn mynnu y dylai eu gweddwon golli peth neu'r cyfan o'u cymynroddion petaent yn ailbriodi. Nid rhyw eiddigedd afiach oedd hynny, ond yn hytrach awydd i sicrhau y byddai plant y briodas gyntaf yn cael chwarae teg, ac na fyddai'r ail ŵr yn cymryd eiddo'r wraig a'i adael i blant yr ail briodas.

Ond y mae rhai ewyllysiau Cymraeg o ddiwedd y ddeunawfed ganrif ymlaen yn mynegi'r dymuniad mewn dull cras. Er enghraifft, gadawodd William Roberts, Llansannan (1796), ei holl eiddo i'w wraig Anne, ar yr amod ei bod yn:

> sefydlu ei meddwl i sefyll uwch ben ei phlant, heb ymgysylltu a neb arall . . . ac os bydd iddi adel ei phlant (trwy briodi arall) na bydd iddi ond deg punt . . .

Er bod geiriau William Roberts yn llym, y mae'n amlwg mai lles y plant a oedd yn ei feddwl. Ond blas rhyw eiddigedd afiach sydd yng ngeiriau Thomas Morris, Pennant Melangell (1852):

Os digwydd unrhyw amser, ar ol fy marwolaeth I, im hanwyl briod Jane, i ymbriodi, a bod yn eiddo gwr arall, nid yw hi . . . i gael mwynhad o ddim or pethau crybwylledig uchod, un awr yn hwy nar dydd yr ymbriodo ar cyfryw wr, ond bod iddi hi ar cyfrwy wr, hollol ymadael yn ddioed ar ty ar tyddyn sydd heddyw yn fy mwynhad I—a gadael yr holl feddiannau ar da . . . i fod yn eiddo fy nhri phlentyn crybwylledig.

O leiaf yr oedd Thomas Morris yn eglur ei fwriad. Ond beth oedd bwriad y glöwr John Hopwood (Yr Wyddgrug, 1842) wrth lunio ei ewyllys? Yr oedd ganddo ychydig o dir yn Ninbych, a gadawodd hwnnw i'w ddau fab:

ac os dygwydd y lle hwnw droi elw iddynt, trwy gael y trysor, neu ei werthu, yr wyf yn rhwymo John a William Hopwood i roddi pum punt bob un i Elizabeth fy ngwraig.

Pa drysor? Go brin y cawn wybod byth.

Dichon mai'r lle olaf y gellid disgwyl gweld hiwmor yw mewn ewyllys; y mae'r dogfennau bron i gyd yn rhai syber iawn. Ond ceir yn achlysurol ymadroddion bychain sy'n awgrymu bod ambell glaf yn dal yn fyw iawn ei feddwl. Pan oedd Jonet Williams, Pengloger, Llansannan, ar ei gwely angau ym 1796, mynnodd gael ei disgrifio fel 'Hen ferch Ifangc Heb briodi'. Yn Aberaeron ym 1836, pan oedd David Thomas yn rhannu ei eiddo rhwng ei ddau fab, ysgrifennodd yn ei law ei hun fel hyn:

Yr wyf n gobeithio fi mod n gwneithyr Cyfiawnder rhyngoch a gobeithio bydd i chwi i fod n gytynys ach gilydd fel na bo dim ymrafel rhyngoch ar fi ol i. Parhaed Brawdgarwch.

I grynhoi. Beth yw gwerth y dogfennau profawd Cymraeg hyn i hanesydd yr iaith Gymraeg? Er nad ydynt ond cyfran fechan iawn o'r holl ddogfennau profawd sydd ar gael, y maent yn gasgliad unigryw. Dyma'r casgliad mwyaf o ddogfennau cyfreithiol Cymraeg sy'n bodoli. Y mae eu bodolaeth yn dangos nad oedd y 'cymal iaith' yn Neddf Uno 1536 wedi cael ei ddefnyddio i wahardd pob defnydd swyddogol o'r iaith. Lladin neu Saesneg oedd iaith pob dogfen brofawd Gymreig cyn 1536 hyd y gwyddys. Dengys yr ychydig ewyllysiau Cymraeg sydd wedi goroesi cyn 1700 fod yr awdurdodau yn barod i'w derbyn, ac er nad oes modd profi hynny, gall fod mwy o ddogfennau Cymraeg wedi eu llunio nag sydd wedi goroesi (sylw sydd, wrth reswm, yr un mor wir am ddogfennau Saesneg).

Dengys y casgliad cyfan fod hyder y Cymry wrth lunio a chyflwyno dogfennau Cymraeg wedi cynyddu, bod safonau llythrennedd pobl yn amrywiol iawn, ac nad oedd iaith y Beibl wedi disodli ffurfiau tafodieithol cyn y bedwaredd ganrif ar bymtheg. Y mae dyrnaid o ddogfennau yn cofnodi lleisiau unigolion yn fwy effeithiol nag unrhyw ddogfennau eraill, ac eithrio llythyrau personol. Y mae'r rhestri eiddo yn ffynhonnell dra gwerthfawr ar gyfer termau technegol, yn arbennig ar gyfer dodrefn ac offer amaethyddol. Trwy'r dogfennau hyn y mae modd cael cipdrem ar fywyd a marwolaeth pobl gyffredin Cymru, a hynny trwy gyfrwng eu mamiaith. Byddai cyhoeddi detholiad ohonynt yn gymwynas nid bychan.

DARLLEN PELLACH

Helen Chandler, 'The Will in Medieval Wales' (traethawd M.Phil. anghyhoeddedig Prifysgol Cymru, 1992).

Jane Cox, *Wills, Inventories and Death Duties: a Provisional Guide* (Llundain, 1988).

J. Fisher, 'Three Welsh Wills', *Archaeologia Cambrensis*, XIX (1919).

Francis Jones, 'Pedair Ewyllys Gymraeg o'r Ddeunawfed Ganrif', *Bwletin y Bwrdd Gwybodau Celtaidd*, XXIX (1980).

Rosemary Milward, *A Glossary of Household, Farming and Trade Terms from Probate Inventories* (Chesterfield, 1986).

Gerald Morgan, 'Welsh Names in Welsh Wills', *The Local Historian*, 25, rhif 3 (1995).

Margaret Spufford, 'The limitations of the probate inventory', *English Rural Society 1500-1800: Essays in Honour of Joan Thirsk* (Caer-grawnt, 1990).

Gareth Haulfryn Williams, 'A Study of Caernarfonshire Probate Records, 1630-1690' (traethawd M.A. anghyhoeddedig Prifysgol Cymru, 1972).

Gareth Haulfryn Williams, 'Wills and Other Records of Inheritance', *Welsh Family History: a Guide to Research*, gol. John Rowlands (Association of Family History Societies of Wales, 1993).

Moelwyn I. Williams, 'Ewyllys Gymraeg yn 1734', *Bwletin y Bwrdd Gwybodau Celtaidd,* XXII (1966-8).

BECA,
'AMDDIFFYNNYDD Y BOBL'

David W. Howell

Y dydd y delo bonedd byd
I wrando ar gŵyn y gwan,
Cawn ddyddiau llonydd heb un llid,
A mwynfyd ym mhob man;
Heb eisiau milwyr yn ddiwad,
A'r wlad nid ofna loes,—
Fe gysg Rebecca gyda'i phlant
Yn esmwyth yn y nos.

Dic Dywyll

Fel gwrthryfel a gododd ymhlith gwerin-bobl yn dioddef gormes a thlodi mewn cymdogaethau gwledig, diarffordd—cefndir cyfarwydd i gynifer o'r Cymry—y mae i derfysg Beca le arbennig yn ymwybyddiaeth hanesyddol y genedl. Ym 1852, yn gyfiawn a theg, honnodd Thomas Frankland Lewis, ynad heddwch a chadeirydd Comisiwn Beca a sefydlwyd yn niwedd 1843, fod yr helyntion yn ffurfio 'a very creditable portion of Welsh history', a bod y Cymry wedi edrych yn ôl ar y bennod gythryblus hon â balchder a boddhad. Er bod haneswyr hefyd wedi dangos cydymdeimlad, gwelwyd mymryn o wahaniaeth o ran dehongliad; trafodir y syniadau hyn yn yr ysgrif hon.

Y mae cyfoeswyr a haneswyr, fel ei gilydd, wedi pwysleisio tlodi enbyd y cymunedau gwledig yn ne-orllewin Cymru a enynnodd ddicter y werin-bobl a'u gyrru yn y pen draw i ryfel gerila. Yn sgil yr effaith andwyol ar bocedi'r ffermwyr oherwydd tymhorau alaethus 1839-41 yn ne-orllewin Cymru, cyd-effaith mesurau toll Peel ym 1842, a hyrwyddai fewnforio da byw a chig o dramor, a'r lleihad yn y galw am gynnyrch fferm yn ardaloedd haearn de Cymru oherwydd y cwymp yn y farchnad honno o hydref 1841, cafwyd gostyngiad sylweddol yn y prisiau am ŷd, caws, menyn, ceffylau a gwartheg ym 1842 a 1843. Mewn golygyddol yn y *Welshman* 23 Rhagfyr 1842, dan y pennawd 'Distress of Welsh Farmers', darllenwn fel a ganlyn:

The farmers in the county of Carmarthen, and in the adjoining counties of Pembrokeshire and Cardiganshire, are in a dreadfully distressed state, and we have been assured by several that they can scarcely get £4.10s.0d. for the description of cattle which last year would have fetched £9. Several instances of this sort have occurred, and we are enabled further to state that in consequence of almost the total absence of *ready money* amongst numbers of farmers, the shopkeepers are complaining sadly, and trade is affected to an astonishing degree.

Ar y gorau, byw o'r llaw i'r genau fyddai'r drefn, ac am fod
arian parod mor ddifrifol o brin, ni allai tenantiaid y
tyddynnod barhau i dalu'r taliadau traddodiadol megis y rhent,
treth y tlodion, y degwm a'r tollau tyrpeg. Dengys y darlun
trist o wraig fferm yn ei dagrau wrth orfod gwerthu ei modrwy
briodas yng Ngorffennaf 1843 am nad oedd pris yr ŷd wedi
codi digon iddi allu talu'r trethi pa mor ddybryd oedd y tlodi.
    Yr un pryd hefyd yr oedd ffactorau penodol eraill yn
trymhau baich y taliadau traddodiadol hyn. Rhwng 1801 a
1851 cynyddodd poblogaeth tair sir de-orllewin Cymru 65 y
cant, fel y pwysleisiodd David Williams. Yn ôl tystiolaeth
gohebydd hynod *The Times*, Thomas Campbell Foster,
manteisiwyd ar y twf rhyfeddol hwn trwy godi rhenti i'r lefel
uchaf wrth osod trwy dendr. Daeth hyn yn arfer cyffredin, er
nad cyffredinol. Er bod rhenti rhai ffermydd yn ardaloedd
Beca yn bur isel, yr oedd y mwyafrif yn rhy uchel. Eto,
parthed treth y tlodion, casâi'r ffermwyr Ddeddf Newydd y
Tlodion 1834 gan ei bod yn gosod arnynt faich *ariannol*
ychwanegol ar adeg pan oedd hi eisoes yn fain iawn arnynt.
Nid oedd hyn yn syndod o gofio y caniateid, dan yr hen
drefn, i'r sawl a oedd yn brin o arian dalu treth y tlodion
mewn grawn neu ryw nwydd arall a oedd ar gael ar y pryd. Ar
9 Gorffennaf 1843 ysgrifennodd William Day, comisiynydd
cynorthwyol selog Deddf y Tlodion dros yr ardal, at George
Cornewall Lewis, mab dawnus y Thomas Frankland Lewis a
enwyd uchod, o Dre'rdelyn, sir Faesyfed:

> Perhaps the severity of the distress, and the actual
> annihilation of means, may be best attested to by a
> notice which I found in the Minute Book of the
> Cardigan Board, signed by 2 large proprietors, both I
> believe, magistrates, convening a special meeting of the
> Guardians, not on a Board Day—to take into
> consideration the proprietary [*sic*] of being allowed to
> pay the rates in kind.

Ar ben hynny, arweiniodd gweithredu Deddf y Tlodion yn
yr ardaloedd gwledig at godi swm y trethi y disgwylid i

ffermwyr ac eraill eu talu. Hyd yn oed dan yr hen drefn, byddai dirwasgiad y 1840au cynnar yn yr ardaloedd amaethyddol, yn ogystal â'r gweithfeydd haearn, wedi golygu codiad sylweddol mewn trethi. Bu cryn ddrwgdeimlad hefyd ynghylch y cyflogau uchel a delid i swyddogion Deddf y Tlodion. Cythruddwyd y ffermwyr eto gan y cymalau bastardiaeth llym yn y Ddeddf, nid yn unig am eu bod mor annynol ond am y byddent hefyd yn cynyddu treth y tlodion. Achosodd gweithredu Deddf Cymudiad y Degwm 1836 lawer o chwerwedd yn ne Cymru, yn wahanol i rannau eraill o Brydain. Ar sail prisiau'r ŷd drwy'r deyrnas gyfan y pennid taliadau'r degwm a asesid gan y comisiynwyr. Golygodd anwybyddu prisiau isel iawn yr ŷd yn ne Cymru fod y codiad yn nhaliadau'r degwm yn uwch yno nag yn unman arall trwy Brydain. Dangosodd Eric Evans fod taliadau net y degwm wedi codi rhwng 20 a 50 y cant mewn rhai ardaloedd ar ôl y cymudiad. Teimlwyd rhagor fyth o ddicter ym 1843 am fod pris yr ŷd yn ne-orllewin Cymru y flwyddyn honno wedi gostwng, gyda'r canlyniad fod pris cyfartalog yr ŷd am saith mlynedd, sef y pris y seilid y degwm blynyddol arno, yn uwch na'r pris ar y pryd ym 1843. Unwaith eto, yr oedd cyferbyniad dybryd â'r hen drefn. Yn wahanol i'r arferiad gynt, nid oedd modd ar ôl y cymudiad i amrywio'r swm a delid pa mor golledus bynnag y byddai'r cynhaeaf, a hawlid y tâl yn awr yn rheibus. Pryder ychwanegol arall i'r ffermwyr oedd fod rhaid talu'r degwm mewn arian parod ar adeg pan oedd yn hynod o brin. Yr oedd cwynion o'r fath, ar ben y gwrthwynebiad chwyrn i'r egwyddor o ddegwm yn y cymunedau Ymneilltuol, yn peri bod pwnc y degwm yn ennyn bron cymaint o ddicter ag a wnâi'r tollbyrth. Gwnaed y rhain yn fwy gormesol ac o safbwynt y ffermwyr yn fagl annheg gan gontractwyr y doll, yn enwedig gan Thomas Bullin. O'r 1830au diweddar ymlaen gosododd ef fariau toll neu gadwyni ar draws llawer o lonydd bychain i ddal unrhyw drafnidiaeth ac, yn neilltuol felly, y troliau calch hollbwysig a fyddai'n ymuno â'r ffordd dyrpeg a'i gadael wedyn ar hyd lôn fach er mwyn osgoi'r tollbyrth.

O'r 1830au daeth yn amlwg fod digalondid llethol yn dwysáu'r cwynion a ormesai'r werin. Yr oedd haneswyr megis David Williams a David Jones yn llygad eu lle wrth bwysleisio bod achos y terfysg yn llawer dyfnach na dim ond casáu'r tollbyrth. Gwrthwynebai Beca yn ffyrnig y rhenti uchel, y degwm a threth y tlodion. Gellid dadlau bod Deddf y Tlodion lawn mor atgas â'r tollbyrth, ond ni allai ffermwyr yn hawdd ymosod ar dai'r Undeb, a gwarchodlu o filwyr yno i'w hamddiffyn. Gellid dadlau hefyd fod rhent a degwm lawn cymaint o faich â thollau ac yn effeithio ar fwy o bobl, ond byddai'n anodd eithriadol cwmpasu rhanbarth daearyddol mor eang mewn crwsâd yn erbyn y naill neu'r llall. Byddai rhaid i hynny ddisgwyl am gefnogaeth plaid wleidyddol boblogaidd ac ymgyrch yn y wasg boblogaidd fel, yn wir, a ddigwyddodd yn ddiweddarach yn y ganrif. Ar y llaw arall, dylem ymorol rhag lleihau'n ormodol y gŵyn yn erbyn y tollau. Dyma'r casgliad y daeth yr Athro David Jones iddo: 'Although there were people in authority and on the fringes of the popular movement, who were anxious to play down the grievance, turnpike gates brought Rebecca to life and provided the rioters with their main and most accessible targets.' Buddiol fyddai inni gofio yn y cyswllt hwn fod y tollau—yn wahanol i'r degwm, y dreth eglwysig, treth y tlodion a'r rhent—yn flinder gwastadol, a hynny am fod rhaid i'r ffermwyr eu talu bron bob dydd o'r wythnos. Mynegwyd ar goedd y rhwystredigaeth o orfod talu tollau'n barhaus mewn cyfarfod i drafod tollau Cwmni Tollbyrth Cydweli, a gynhaliwyd yn Llangyndeyrn, sir Gaerfyrddin, ar 1 Awst 1843. Yn ôl gohebydd *The Times*, honnai'r ffermwyr:

... there is a not a by-lane of any sort by which a cart can get to the lime-kilns which has not a bar or chain across it. They say if ever there is a lane by which one or two farmers can get to their farms, without paying toll, an application is immediately made to the trustees to grant a bar on the lane, which is always of course acceded to; that there is never a fair held in any of the villages or

13 Merched Beca yn ymosod ar y clwydi (*Illustrated London News*, 1843).

principal towns but the toll contractor surrounds the town by every approachable access to it with a cordon of toll-bars. Chains are fastened across the roads close to the town, and thus they catch every farmer who has cattle, or sheep, or horses, or carts to bring to the fair . . . In many of these lanes, by going a mile or two round, the farmers could escape toll. The lanes are kept in repair by the parishes, and are many of them quite as good as the high roads of the trusts . . . it is impossible for a farmer to stir two miles from home in any direction without having a bar or gate to pay a toll at. This, with the fact that many of these roads are maintained by themselves, naturally has greatly exasperated them, and the toll bars and gates are continually being demolished.

Rhestrwyd nifer o'r clwydi hyn gan y baledwr dall Dafydd Jones, brodor o Lanwenog, yn ei benillion 'Cân Newydd, Sef Ychydig o Hanes Bywyd Becca, a'i Merched':

> Fe dorwyd rhai clwydi yn Llandysul,
> A rhai wrth Lansawel yn syn,
> A gate Bwlch y Clawdd a ganfyddais,
> Wrth ddarllain yr hanes fel hyn;
> A Gates wrth Lanbedr-Pont-Stephan,
> Llanon, Aberaeron, mewn gwir,
> A Gate Abergwaun yn bur hynod,
> Lle tiriodd y Ffrancod i'n tir.
>   Nid amal y bu ffasiwn beth!
>
> Mi glywais fod Becca a'r werin,
> Gerllaw i Gaerfyrddin yn siwr,
> Ryw noswaith yn gweithio'n ddinystriol,
> Yn ymyl pen Heol-y-dwr,
> Fe dorwyd y tollborth yn ddarnau,
> Fe dynwyd rhai pethau i lawr,
> Gall llawer i feddwl wrth hyna,
> Mai Becca yw Trust y ffordd fawr.
>   Nid amal y bu ffasiwn beth!

Y gate oedd gerllaw i Dregaron
A daflwyd i'r afon yn lân;
Ac, hefyd, tri thollborth yn Mrechfa
A dorwyd yn ddarnau pur fân;
Fe ddrylliwyd y gate yn Mhenllwynau,
A gates y Felindre, fel carth;
Heblaw Castellnewydd-yn-Emlyn,
Pencader, Llanfihangel-ar-Arth.
    Nid amal y bu ffasiwn beth!

Yn sicr, achosai problem y tollbyrth fwy o boendod yn yr ardaloedd hyn nag yn unman arall yng Nghymru, a'r rheswm oedd pwysigrwydd y fasnach galch yn y cylch. Arweiniodd hyn at osod llawer o fariau-rhwystr i ddal y troliau calch fel na allent mwyach osgoi talu toll. Dioddefai ffermwyr de-orllewin Cymru hefyd oherwydd eu dibyniaeth ar y farchnad nwyddau prŷn yn nhrefi haearn siroedd Morgannwg a Mynwy. Am hynny, golygai methiant gweithfeydd haearn Glynebwy ym 1843 fod menyn ar werth yn Arberth am 6½c. y pwys, sef hanner ei bris arferol. Yn ychwanegol, dychwelai mwynwyr a glowyr yn lluoedd o'r ardaloedd dirwasgedig hynny o ddiwedd 1841 ymlaen ac, o ganlyniad, rhoddwyd rhagor o straen ar dreth y tlodion. Gwelwn, felly, paham y creodd helynt y tollbyrth ynghyd â'r cysylltiad agos ag ardaloedd yr haearn gynnwrf yn ne-orllewin Cymru yn hytrach nag yn unman arall.

Ar gael i ddelio ag ymosodiadau hwylus ar y tollbyrth yr oedd 'y ceffyl pren', sef dull traddodiadol o ddychryn a chosbi godinebwyr ond a ddefnyddid yn niwedd y 1830au i drin curwyr gwragedd, mamau plant anghyfreithlon, prepwyr, enllibwyr, beilïaid, goruchwylwyr, tenantiaid newydd amhoblogaidd a phob un a fanteisiai'n annheg ar drafferthion a chyni ei gymdogion. Byddai dynion yn duo eu hwynebau ac, yn fynych, yn gwisgo dillad menywod ac yna yn cludo'r troseddwr ei hun neu ddelw ohono ar geffyl pren neu ysgol. Wedyn, cynhelid ffug dreial yng nghanol trwst a miri. Gellir cyffelybu'r ceffyl pren â rhai o'r dyddiau gŵyl swnllyd,

14 Darlun o Fam Beca gan arlunydd anhysbys.

mygydog yn yr Ewrop fodern gynnar, megis y 'rough music' mewn rhai ardaloedd yn Lloegr, a'r *charivaris, scampanate, katzenmusik* a'r *cencerrada* mewn gwahanol wledydd Ewropeaidd. Yr oedd y gwrthdroad rhywiol ar adeg gŵyl, sef y trawswisgo, yn symbol o fyd â'i ben i waered, gan mai'r berthynas normal oedd menywod yn ddarostyngedig i ddynion. Câi'r fenyw afreolus, fel y nododd yr hanesydd Natalie Z. Davis, ganiatâd i fod yn feirniad cymdeithasol ac i ddweud y gwir am reoli annheg. Yn y cyfnod modern cynnar, mewn terfysgoedd pryd y byddai dynion yn gwisgo dillad menywod ac yn cymryd enwau benywaidd ar gyfer yr helyntion, gwelwyd dynion yn addasu gwrthdroad defodol a hwyliog, gan wneud defnydd newydd ohono. Yn awr, dyma ddefnyddio delwedd y fenyw annosbarthus i ganiatáu reiat mewn cymdeithas ac iddi ychydig iawn o gyfle i brotestio'n ffurfiol. Un enghraifft o hyn oedd Beca. Byddai cyfoeswyr yn deall bod cyfnod y ceffyl pren drosodd. Gan hynny, rhaid ystyried gwisgo dillad menywod nid yn unig fel modd o ymguddio rhag yr awdurdodau—er bod hyn yn ddiamau yn rhan ohono—yn union fel y ceisiodd y dynion fod yn anhysbys yn ystod gwrthryfel ffyrnig y werin yn Llydaw 1793-6 trwy ymosod liw nos a duo eu hwynebau hefyd weithiau.

Yr oedd troi at drais hefyd yn gyson â'r elfen draddodiadol ddigyfraith o fewn cymunedau Cymru. Rhaid pwysleisio yma, fodd bynnag, fod y lefelau o drais yng Nghymru cyn cyfnod Beca ymhell o fod ar yr un raddfa ag yr oeddynt yn Iwerddon cyn y Newyn Mawr. Yn ôl Samuel Clark, yr oedd Iwerddon yn 'a remarkably violent country', ac yr oedd cymdeithasau cudd yno yn cyfrannu at yr anghyfraith. Yn ei gyfrol nodedig ar hanes Beca, a gyhoeddwyd ym 1955, cydnabu David Williams y trais endemig a ddigwyddai yng nghymunedau gwledig Cymru: 'The daughters of Rebecca were certainly not unused to violence.' Wedi ymchwilio'n fanylach i'r agwedd hon, meddai'r Athro David Jones ym 1989: 'Private, social and political life in West Wales had always been impregnated with violence.' Felly, yr oedd y werin ymhell o fod yn bobl ufudd i'r gyfraith, heb neb yn troseddu, fel y darluniwyd hi gan ynadon sirol, offeiriaid Eglwys Loegr a gweinidogion Ymneilltuol fel ei gilydd, a byddai'n gywir dweud bod Beca wedi tyfu'n naturiol o dir ffrwythlon. Cred yr Athro Jones na newidiodd y mudiad ei gymeriad yn niwedd haf 1843 wrth symud oddi wrth derfysg 'parchus' y tollbyrth at ddulliau mwy treisgar, mwy annymunol o weithredu uniongyrchol, megis llosgi, fandaleiddio, a chlwyfo anifeiliaid. Yr oedd gweithgarwch o'r fath wedi bod yno o'r dechreuad a'r cyfan a wnaeth Shoni Sgubor Fawr a Dai'r Cantwr oedd eu perffeithio. Tueddai David Williams a Pat Molloy i weld camau diweddarach y mudiad fel gwyrdroad oddi wrth ei burdeb cysefin fel petai. Arferai David Williams gyfeirio at Shoni a'i gyfeillion fel 'gang of miscreants' yn cynrychioli 'the lunatic fringe of the Rebecca movement', ac yn y cyswllt hwn rhoes David Jones olwg newydd i ni ar y terfysg.

Yn sicr, fe newidiodd Beca ei blaenoriaethau dros gyfnod o amser. Wedi iddi dynnu i lawr lawer o'r bariau toll erbyn diwedd Awst 1843, ei phrif dargedau bellach ar ei 'siwrnai o wneuthur daioni', chwedl hithau, oedd y degwm, Deddf Newydd y Tlodion a rhenti uchel. O Fehefin 1843 ymlaen ymdriniwyd â'r degwm, a oedd mor atgas am resymau economaidd a chrefyddol, mewn amrywiol ddulliau: ffug arwerthiant o gasglwyr y degwm, anfon llythyrau bygythiol ac, o ddechrau Awst, protestiadau liw dydd mewn cyfarfodydd cyhoeddus. Gwaethygai'r tyndra yn arw ym mhlwyfi de sir Aberteifi a gogledd sir Benfro. Derbyniodd y Parchedig John Hughes, offeiriad Penbryn, sir Aberteifi, nifer o lythyrau bygythiol ac, o ganlyniad, gyrrwyd milwyr i warchod ei gartref. Adlewyrchir chwerwedd ei blwyfolion mewn llythyr a anfonwyd ato ar 16 Mehefin 1843 gan Feca:

PENYRHERBER,
Mehefin 16, 1843.

Yr ydwyf wedi cael achwyniad arnoch gan eich plwyfolion eich bod yn ei gormesu a degwm ac yn awr yr wyf fi yn rhoddi rhybydd i chwi i ddychwelyd beibl y dyn tlawd hwnw a werthsoch yn lle degwm a bod yn foddlon i gymmeryd ganddynt yr un peth ac oeddynt yn dalu o'r blaen gan y rhai sydd heb dalu ar rhai sydd wedi talu'r degwm mawr fel ymaent yn ei alw yr wyf rhoddi rhybydd i chwi i anfon yn ol iddynt y cwbl a dalasant i chwi eleni yn fwy nac oeddynt yn dalu o'r blaen a hyny yn ddioed fel y gallwyf gael gwybod ganddynt dydd gwener yn y Castell Newydd ac os na wnewch fel yr wyf yn gofyn genych nos lun nesaf byddaf fi a rhyw nifer om plant yn dod i ymweled a chwi efallau 3 neu 4 cant a chofiwch ddodi pob peth yn barod mi doraf ddwy och aelodau un glyn ac un fraich a rhoddaf yr hyn oll sydd genych ar dan a chofiwch peidiwch a thwyllo eich hunan y mae y peth uchod mor wired o gymeryd lle a bod bywyd yn eich corph.

D. S. A ydyw ddim yn beth arswydys fod gweinidog efengyl fel yr ydych chwi yn galw eich hunan yn ymddwyn mor farbaraidd och! och! och! och!

REBECCA

Bu angen gwarchodaeth filwrol hefyd yn achos ei gymydog, Eleazar Evans, ficer Llangrannog a Llandysiliogogo, a dderbyniasai nifer o lythyrau annymunol yn ei fygwth. Ymhlith y rhain yr oedd cais iddo ddychwelyd y blaensymiau o'r degwm ynghyd â'r treuliau cyfreithiol, ac fe'i rhybuddiwyd bod gwrthod ufuddhau yn golygu y byddai rhaid iddo chwilio am le ar gyfer ei enaid gan fod Beca wedi cael lle i ddodi ei gorff wrth dalcen 'y Butain Wladol', fel y gelwid yr Eglwys Sefydledig. Er nad ymosodwyd yn gorfforol arno ef fel y gwnaed ar ei gurad, John Hughes, honnid iddo orfod gwerthu popeth heblaw dodrefn ei gartref ac na allai fynd i'w wely heb symud wardrob at y ffenestr i amddiffyn ei wraig ac yntau rhag ergydion dryll. Digwyddai ymweliadau hefyd berfedd nos â pherchenogion degwm a'u hasiantwyr. Y mwyaf brawychus o'r rheini oedd ymweliad dros 300 o ddilynwyr Beca â'r asiantwr degwm atgas hwnnw, John Edwards, Gelliwernen, ger Llan-non, sir Gaerfyrddin, ar y nos 22-23 Awst 1843. Saethwyd at Edwards, a oedd ar y pryd yn wael yn ei wely, ac at ei deulu, a dim ond wedi i'w wraig a'i ferch feiddio ymyrryd y gwasgarodd y dorf. Er gwaethaf yr holl wrthwynebiad iddo, nid oedd pwnc y degwm hyd yn hyn yn fwrlwm o angerdd cenedlgarol fel ag y byddai yn y 1880au.

Gwelsom eisoes fod y ddeddfwriaeth ynghylch y tlodion yn dra amhoblogaidd. Rhoddwyd tlotai Llanymddyfri ac Arberth ar dân yn union wedi iddynt gael eu hadeiladu, y naill yng Ngorffennaf 1838 a'r llall yn Ionawr 1839. Anfonwyd llythyrau bygythiol yn haf 1843 at warcheidwaid tlotai'r undeb yn eu rhybuddio am ymosodiadau a oedd ar fin digwydd i'r adeiladau ffiaidd. Arweiniodd hyn at osod milwyr i letya oddi mewn i'w muriau ym Mehefin a Gorffennaf. Ar 19 Mehefin 1843, er enghraifft, anfonwyd y llythyr bygythiol canlynol at Mr David Davies, gwarcheidwad tloty Castellnewydd Emlyn:

DYHALEDD Y GWAED.
Mehefin 19, 1843.

Ffel mai byw dy enaid, a byw ninau, os na ddoi di allan, ti du a'r tylodion sydd dan di ofal, gin dydd Mercher nesaf, rhydyn yn benderfinol i ddynistrio'r cwbl; ai gwae di gorph tithau oblegid *Ni* a gwmrwm ofal am danat, ffel na chai ddiang! (Gochel!) Nid gellwer rydym bellach.

REBECCA (L.S.)
MISS BROWN (L.S.)

Gan nad oedd neb yn ei amddiffyn, ysbeiliwyd tloty Caerfyrddin gan dorf o bobl ar 19 Mehefin cyn i farchfilwyr ddod i'w gwasgaru. Rhwystrwyd digwyddiadau tebyg gan bresenoldeb milwyr mewn lleoedd eraill megis Castellnewydd Emlyn ac Arberth. Yn sgil bygythiadau gan Beca i gasglwyr ac i dalwyr treth y tlodion, cynyddodd yr ôl-ddyledion yn arw trwy gydol haf 1843. Cynhaliwyd

Y Cyhoeddiad canlynol a gytunwyd arno mewn Prif Gynghor, a gynnaliwyd gan ei Mawrhydi ar Ddydd Llun, yr ail o Hydref, 1843, yn Nghastell Windsor :—

TRWY ORCHYMMYN Y FRENINES.

Cyhoeddiad.

VICTORIA R.

Yn gymmaint a bod terfysg neillduol wedi tori allan yn ngwahanol ranau o Ddeheudir Cymru, ond yn fwyaf penodol yn Swyddi Penfro, Ceredigion, a Chaerfyrddin, trwy fod mynteioedd mawrion o ddynion yn ymgasglu at eu gilydd, wedi eu harfogi a drylliau, ac arfau dinystriol eraill, yn nyfnder y nos, a chreulonderau o'r mwyaf brawychus wedi eu gwneuthur ar fywydau a meddianniau niferi o'n deiliaid; ac yn gymmaint a bod y cyfryw, gan daflu pob dirmyg ar ddeddfau ein gwlad, wedi tynu i lawr dollbyrth, ac wedi tori i mewn trwy drais a dinystrio tolldai; ac yn gymmaint a'u bod hefyd wedi ymosod ar drigfanau personau neillduol, a thrwy drais a bygythion wedi mynu arian oddiwrth y cyfryw, ac wedi dinystrio trwy dan wair, yd, a meddiannau eraill amrywiol o'n deiliaid: Yr ydym ni, gan hyny, wedi barnu yn addas, trwy annogaeth a phenderfyniad ein Prif Gynghor, i anfon allan ein Cyhoeddiad Breiniawl, yn gorchymmyn yn y modd mwyaf caeth i holl Ynadon Heddwch, Siryddion, Is-Siryddion, a Swyddogion gwladol eraill, i ddefnyddio pob moddion galluadwy i osod terfyn uniongyrchol ar y cyfryw derfysg-oedd a rhwygiadau, ac i ddadguddio, dal, a dwyn i farn y personau a gymmersant ran yn y gweithredoedd drygionus rhag-grybwylledig; ac yr ydym yn gorchymmyn, yn y modd mwyaf caeth, i bawb o'n deiliaid ffyddlawn roddi pob cynnorthwy effeithiol i Ynadon yr Heddwch, Siryddion, Is-Siryddion, a phob Swyddogion gwladol, yn eu hym-drechiadau i gadw yr Heddwch; ac fel annogaeth ychwanegol i ddadguddio y cyfryw, yr ydym yn addaw ac yn cyhoeddi, os bydd i unrhyw berson neu bersonau ddadguddio a dal cyflawnwyr neu gynnorthwywyr y rhai a osodasant y meddiannau rhag-grybwylledig ar dan, neu a wnaethant unrhyw ymosodiad ar bersonau ein deiliaid, fel ag i beryglu eu bywydau, fel yr euog brofer y cyfryw, y bydd ganddynt hawl i

BUM CANT O BUNNAU

am bob person a euogbrofer, ac y derbyniant ein Pardwn grasusaf am y cyfryw weithred, os bydd y person a wnelo y dadguddiad crybwylledig yn agored i gosp, oddieithr mai efe oedd y prif weithredwr yn y cyfryw derfysg neu dan-ddinystriad.

Ac yr ydym yn addaw ac yn cyhoeddi, os bydd i unrhyw berson neu bersonau ddadguddio a dal, neu achosi dad-guddio a dal cyflawnwyr neu gynnorthwywyr y cyfryw derfysgiadau, yn wahanol i'r rhai hyny a enwyd uchod, yn y Swyddi rhag-grybwylledig, fel ag y byddo i un neu rai o honynt gael eu heuog-brofi, y bydd ganddynt hawl i'r swm o

HANNER CAN PUNT

am bob person a euog-brofer yn nghyd a'n Pardwn grasusaf am y cyfryw drosedd, os dygwydd i'r person a wnelo y fath ddadguddiad fod yn agored i gael ei gospi.

Y Cyhoeddiad hwn a roddwyd dan ein Llaw o Lys Windsor, yr ail ddydd o Hydref, yn y flwyddyn 1843, ac yn y seithfed flwyddyn o'n teyrnasiad.

"DUW GADWO'R FRENINES."

ISAAC THOMAS, ARGRAFFYDD, HEOL-FAIR, ABERTEIFI.

15 Y Frenhines Victoria yn cynnig gwobr o £500 i'r sawl a fyn fradychu Beca.

cyfarfodydd cyhoeddus yn ystod y dydd o ddiwedd Awst 1843
i brotestio yn erbyn Deddf Newydd y Tlodion.

Gan mai rhenti oedd y brif eitem o ran costau i'r ffermwyr,
dichon na fyddai'r terfysg wedi digwydd pe bai'r landlordiaid
wedi rhoi gostyngiad cyfamserol yn y rhent. Dyna'n sicr oedd
barn John Lloyd Davies, Ysw., Alltyrodyn, sir Aberteifi, yn ei
ddatganiad gerbron Comisiynwyr Beca ym mis Hydref 1843:

> Two years ago I predicted what has taken place, and I
> mentioned to a large body of magistrates 'you must all
> lower your rents'; and I began it myself three years ago. I
> have not a complaining tenant . . . The people were
> poor, and were desperate, and they saw no means of
> relieving themselves. I believe they had repeatedly
> applied for relief, and they had often applied for a
> reduction, and it was real poverty that drove them to
> this.

O ganol Gorffennaf 1843 ymlaen anfonwyd llythyrau
bygythiol at landlordiaid yn eu rhybuddio i roi gostyngiadau.
Dyma enghraifft, sef yr un a anfonwyd at William Peel,
Taliaris, sir Gaerfyrddin, ar 19 Mehefin 1843:

> Sir, . . . in my journey of doing good to the Poor and
> distressed farmers I took notice of *you as one* who not
> careful enough of your Tenantry do by your oppressing
> and arbitrary power make them to languish under your
> hand. You know very well I dare say that every article
> the farmer has to sell is of a very low price in this
> County and you know too well that your rent is as high
> as ever therefore if you will not consider in time and at
> your next Rent day make a considerable allowance to
> your Tenantry I do hereby warn you in time to mind
> yourself for as sure as this letter will come to your hand
> I and my dutiful daughters . . . will visit your habitation
> at Taliaris in a few days and you will do well to prepare
> a secure place for your soul we will do well with your

body your flesh we will give to the Glansevin hounds and your bones we will burn with those of Sir James Williams [Rhydodyn] and Lewis Gilfach in Tophet unless you and them will make more good to the poor farmer than you do. Down the rent and all will be good.

Byddai'r ffermwyr hefyd yn deisebu eu landlordiaid, a gwneud hynny'n arwyddocaol ar y cyd. Hysbysodd Thomas Cooke, stiward Middleton Hall, Llandeilo, ei fam ar 24 Awst 1843 fod tenantiaid yr ystad wedi anfon at eu landlord (Edward Adams) 'a petition demanding rather than requesting a return of not less than a third of their Rents', gan ychwanegu, er diddordeb neilltuol i haneswyr o gofio ei safle fel stiward, 'Many of these Rents are very low but generally they are shamefully high'. Ganol Medi anogwyd ffermwyr plwyf Pen-boyr a phlwyfi cyfagos gan Beca â'r bygythiad y llosgid eu ffermdai, er mwyn iddynt ymbil ar eu landlordiaid i ostwng eu rhenti. Ceisiai Beca hefyd ddisgyblu'r ffermwyr rhag tanseilio ei gilydd yn eu brwdfrydedd i sicrhau daliad. Oherwydd hyn, dywedodd John Lloyd Davies, Ysw., Alltyrodyn, sir Aberteifi, wrth y Swyddfa Gartref fod 'The county of Carmarthen is being valued by the Emissaries of these miscreants, and any farmer who pays more for his farm than their ideal standard will have the midnight incendiary to enlighten him of his error'. Yr un modd, dywedodd Cooke wrth ei fam ar 24 Awst 1843, 'no farm which has been vacated is to be taken by another or else—these two last words close all their threats'. Cafwyd penderfyniad i'r un perwyl mewn cyfarfod yng Nghwmifor, sir Gaerfyrddin, ar 20 Gorffennaf 1843. Boicotio oedd hyn, ac er na ddefnyddiwyd y term fel y cyfryw tan adeg Rhyfel y Tir yn Iwerddon ym 1880, yr oedd yn hen arfer ers canrifoedd ym mhob rhan o'r byd, ac yn Iwerddon ei hun yn niwedd y ddeunawfed ganrif yn y mudiad 'Rightboy'. Gwnaed ymgais debyg trwy Undebau Ffermwyr i sicrhau rhenti teg, ond ychydig ohonynt a sefydlwyd, er bod un nodedig ym Mhen-lan yn nechrau Awst 1843. Pwysleisir ochr 'barchus' y mudiad cymhleth hwn gan y ffaith na chaniateid meddwi na rhegi o fewn Undeb Pen-lan. Ymdrechai'r ffermwyr eto fyth i sicrhau rhenti teg o ddiwedd Awst ymlaen trwy argymell rheoli rhenti gan ryw fath o asesiad annibynnol, gan danseilio monopoli'r landlord yn hyn o beth.

Yr oedd hyn oll yn rhagarwydd o ymgyrch y Blaid Ryddfrydol yn niwedd y bedwaredd ganrif ar bymtheg, dan arweiniad Tom Ellis, i gael llys tir yng Nghymru er mwyn sefydlu rhenti teg a sicrwydd daliadaeth fel a ganiatawyd i ffermwyr Iwerddon ym 1881. Yn groes i ddadl yr Athro David Jones fod Beca wedi anwybyddu'r protestiadau cyfoes yr ochr draw i Fôr Iwerddon, yr oedd y dylanwad Gwyddelig ar waith i ryw raddau ym mlynyddoedd Beca. Hysbysodd Cyrnol George Rice Trevor y Swyddfa Gartref ar 11 Gorffennaf 1843 fod yna ddymuniad 'to establish a fixity of tenure, as advocated in Ireland'. At hynny, mewn llythyr i'r Swyddfa Gartref ar 21 Gorffennaf 1843, crybwyllwyd bod y rheini a oedd yn y cyfarfod yng Nghwmifor y noson flaenorol wedi holi llawer ynghylch newyddion o Iwerddon. Yn bendant, yr oedd brwydr Beca am renti teg yn debycach i ddulliau'r Gwyddelod o fygwth a chodi ofn nag i ymgyrch y tir yng Nghymru yn niwedd y bedwaredd ganrif ar bymtheg, brwydr a oedd at ei gilydd yn hynod o heddychlon a chyfansoddiadol.

Y mae'r Athro David Jones wedi pwysleisio'r agwedd dreisgar yn ymgyrch Beca i gael rhenti teg a threfn dderbyniol mewn perthynas â daliadaeth tir. Cynhwysai'r olaf atgasedd at denantiaid a oedd yn dal mwy nag un fferm. Am eu bod yn ofni derbyn llythyrau bygythiol a, gwaeth fyth, yn arswydo rhag i Beca gynnau tanau neu ymweld â'u cartrefi ar gyrch arfog, penderfynodd rhai landlordiaid gyfaddawdu, fel y gwnaeth David Pugh, Greenhill, Llandeilo, William Lewis, Clynfiew a theulu Colby, Ffynone (sir Benfro), ond gwnaed i rai a wrthwynebai ddioddef, megis, er enghraifft, deulu de Rutzen o Slebech ac Edward Adams, Middleton Hall. Cosbwyd yr olaf am ei gyndynrwydd: daeth Adams adref o'r Llys Chwarter ar y noson 12 Medi 1843 a chanfod ei deisi gwair a'i ŷd ar dân a'r goedlan o gwmpas y plasty yn llawn o ddynion arfog. Wedi dioddef mwy na digon, ond yn glynu'n dynn wrth ei gred yn hawliau'r landlordiaid, dychwelodd y radical a'r anghytunwr hwn i Ffrainc. Yn siroedd Caerfyrddin ac Aberteifi byddai llosgwyr yn cosbi'n ddiseremoni y landlordiaid hynny a feiddiai osod tenantiaid newydd yn lle'r hen rai a drowyd allan. Yn ystod y blynyddoedd hyn o ddirwasgiad yr oedd llawer o ffermwyr wedi mynd i ddyled gyda'r rhenti, y trethi a'r degwm, a châi beilïaid a fwriadai atafaelu eiddo amser caled gan Beca. Yn aml, byddai hi wedi achub y blaen ar y beilïaid ac wedi mynd ag eiddo o'r ffermdy rhag iddo gael ei atafaelu. Yn fwy beiddgar, byddai Beca weithiau'n symud da byw tra cysgai'r beilïaid a oedd wedi meddiannu'r fferm. Fel yn achos 'rhyfel y degwm' yn ddiweddarach, lledaenid y newydd fod beilïaid yn ymweld â rhyw fferm trwy ganu corn ac ar hynny fe gyrhaeddai'r 'Merched' yn arfog. Bu digwyddiad o'r fath ar gyrion tref Caerfyrddin, lle y daliwyd y beilïaid a geisiai ddianc gan bobl wedi eu cuddwisgo. Gorfodwyd John Evans i dyngu llw ar y Beibl na fyddai ef byth eto'n ceisio atafaelu eiddo, a churwyd ei gynorthwyydd, John Lewis, nes bod ei ddillad yn wlyb diferol gan waed. Yr oedd menywod ymhlith y mwyaf blaenllaw yn yr ymosodiadau ar feilïaid a feddiannai gartrefi dyledwyr i aros diwrnod yr arwerthiant. Yn ogystal, byddai ffermwyr a heriai'r llythyrau bygythiol a dderbynient am eu bod wedi cymryd tenantiaeth rhai ffermydd yn gweld eu cartrefi, eu tai allan a'u heiddo yn cael eu rhoi ar dân. Aflonyddwyd ar un ffermwr ym Mrechfa am hanner nos gan lais yn gweiddi arno drwy'r ffenestr: 'Rwy'n dy rybuddio di nad wyt ti i fynd i'r fferm a gymeraist neu mi fyddwn yn llosgi dy wair a'th ŷd di, fel rŷn ni wedi gwneud i'th gymdogion di.'

Cydnabyddir yn gyffredinol nad unig ofid Beca oedd y beichiau trymion a lethai'r tenantiaid bychain. Yr oedd hi'n ogystal yn gynheiliad moesau cyhoeddus, yn bygwth ac yn cosbi, yn ôl yr angen, gwrwyr gwragedd ac yn rhybuddio tafarnwyr tramgwyddus rhag caniatáu anfoesoldeb rhywiol

NOTICE.

BEING informed that the people, styling themselves Rebeccaites, were assembled on Llechryd Bridge, on Tuesday night, the 18th instant, with the declared intention of destroying the **SALMON WEAR**, now in my occupation; and having been informed, that altho' their nefarious and unlawful designs were, upon that occasion, frustrated by the arrival of a military Force, yet, that they have intimated their determination to repeat the attempt.

I hereby give Notice,

That upon the commission of any such aggression upon that, or any other part of *my Property whatsoever*, or upon the *Property* of any of *my Neighbours in this District*, I will immediately discharge every Day Labourer at present in my employment; and not restore one of them, until the Aggressors shall have been apprehended and convicted.

ABEL LEWES GOWER.

Castle-Malgwyn. 24th July, 1843.

RHYBYDD.

Hysbyswyd i mi fod y bobl a alwant eu hunain Rebeccaaid. wedi ym-gymull ynghyd ar Bont Llechryd, ar nos Fawrth, y 18fed o'r mis hwn, i'r dyben i ddistrywio yr Eog Gored (*Salmon Wear*) sydd yn bresennol yn fy meddiant; ac hefyd, fod eu hamcan drygionus ac anghyfreithlon, yr amser hwnw, wedi cael ei ddiddymu gan bresennoldeb y Milwyr; ond etto, amlygant eu hamcanion penderfynol i wneuthur ail ruthr. Hyn sydd i hysbysu, mai ar gyflawniad y fath ddinystr ar fy meddiannau i, neu feddiannau rhywrai o'm cymmydogion yn y Dosparth hwn, y bydd i mi dalu ymaith bob gweithiwr dyddiol sydd yn awr yn fy ngwasanaeth; ac nis cymmeraf un o honynt yn ol hyd nes caiff y fath ddynion drygionus eu dal a'u cospi.

ABEL LEWES GOWER.

Castell-Malgwyn. Gor. 24, 1843.

ISAAC THOMAS, PRINTER, ST. MARY-STREET, CARDIGAN.

16 Abel Lewes Gower yn ceisio amddiffyn ei bysgodfeydd rhag merched Beca.

yn eu tai. Disgyblai ddynion a adawsai eu teuluoedd ac, yn anad dim, cystwyai odinebwyr yn llym—yn nhraddodiad 'y ceffyl pren'—a gorfodai dadau plant anghyfreithlon i dderbyn cyfrifoldeb am eu hepil. Ar un achlysur, dinistriwyd dodrefn rhyw dyddynnwr a'i wraig fel cosb am i'r wraig honno roi tystiolaeth yn erbyn cymydog am ladrata tybaco. Yn yr un cywair, ceisiai Beca amddiffyn hawliau cyffredin, sef y cyfuniad o hawliau ac arferion y werin-bobl a ddioddefai ymosodiad cynyddol ledled Cymru a Lloegr gan syniadau cyfalafol ynghylch hawl-eiddo (fel yr esboniodd Edward Thompson mor wych yn *Customs in Common*). Dyna paham y difrodwyd y coredau a osodai gwŷr y plasau mewn afonydd. Bernid eu bod yn rhwystrau anghyfreithlon ac yn amharu ar y cyflenwad o bysgod. Digwyddodd hyn yn Llechryd, Felingigfran ar afon Nyfer ac yn y Pwll-du islaw Pont Canaston. Yn ychwanegol, chwalwyd llechfeddiannau ac amgaeau anghyfreithlon ar diroedd comin am eu bod yn amddifadu'r cominwyr o'u hen hawliau. Enghraifft o hyn oedd dymchwel y wal a amgaeai ran o gomin yn Llandybïe yn sir Gaerfyrddin yn ystod y nos ar 1 Awst 1843. Yn yr un modd, ceisiai Beca adfer yr hawliau coll ynglŷn â chymryd anifeiliaid hela. Cafwyd achos o hyn yn ardal Llangyndeyrn yn sir Gaerfyrddin lle y rhybuddiwyd y gwŷr mawr rhag saethu'r anifeiliaid am eu bod yn eiddo i Feca. Byddai'r ciperiaid, yn fwy na neb, yn ennyn dicter merched Beca. Mynegwyd pryder eto ynghylch y deddfau helwriaeth mewn cyfarfod cyhoeddus ym Mhencarreg, sir Gaerfyrddin, ar 30 Hydref 1843, pryd y deisebwyd na ddylai'r sawl a laddai ar ei dir ei hun ysgyfarnog neu unrhyw anifail hela arall, dderbyn cosb o gwbl, er bod yna ddymuniad i ddelio'n llym â photsieriaid. Nid oedd cred Beca ynghylch hawliau eiddo yn cynnwys cydymdeimlad â photsieriaid a sgwatwyr.

Yn wahanol i wrthryfel gweision ffermydd Captain Swing ym 1830-1 yn ne Lloegr, gwrthryfel y ffermwyr bychain oedd terfysg Beca yn ei hanfod. Nid oedd y gweision yn gorfod talu rhenti uchel, tollau di-baid, degwm a threthi'r tlodion; ar ryw olwg, yr oeddynt ar eu hennill yn sgil y prisiau isel, er bod gwaith yn brinnach. Ond er mai'r ffermwyr oedd y 'prif actorion', chwedl William Day, effeithid ar eu gweision hefyd. Ac nid syndod mo hyn: yr oedd cwlwm cymdeithasol tyn yn bodoli rhwng ffermwyr Cymru a'u gwahanol wasanaethyddion, boed oddi mewn neu oddi allan i'r tŷ. Ym mlynyddoedd cynnar y bedwaredd ganrif ar bymtheg—yn wahanol i Iwerddon cyn y Newyn Mawr lle yr ymosodai'r gweision yn aml ar y ffermwyr mawr a'u cyflogai—nid oedd y gweision yn ddosbarth ar wahân fel yr oeddynt ar ddiwedd y ganrif, yn ôl honiad diddorol ond dadleuol David Pretty. Casâi'r gweision hefyd y modd y gormesid hwy gan Ddeddf y Tlodion. Am ei bod yn anodd cael gwaith yn ystod blynyddoedd Beca, teimlent fod eu tlodi yn cael ei ystyried yn drosedd a hwythau yn garcharorion, fel petai, yn y tloty. Yr oedd y ffaith eu bod yn gorfod talu tollau am gludo adref y tatws y byddent, yn ôl hen arfer, yn eu plannu yng nghaeau'r ffermwyr hefyd yn esgor ar gryn ddrwgdeimlad. Byddai rhai gweision yn bresennol oherwydd bod eu meistri wedi derbyn gorchymyn gan Feca i fynychu cyfarfod yn y lle-a'r-lle, ac i ddod â'u gweision i'w canlyn. Fel yn achos helyntion y degwm ar ddiwedd y ganrif yn sir Drefaldwyn, ymunodd rhai gweision a bechgyn â 'siwrneiau' Beca am dipyn o hwyl. Atega hyn farn Jane Walters, Glanmedeni, sir Aberteifi, a wrthwynebai Beca yn chwyrn gan ddisgrifio'r mudiad yn fath o wrthryfel llencynnaidd. Gwelwyd nodwedd debyg yn Rhyfel y Tir yn Iwerddon ym 1879-82 pryd y gellid dadlau bod priodasau hwyr, ac wedi eu trefnu, yn achosi i lawer o feibion ffermydd deimlo yn rhwystredig â system a'u gorfodai i barhau'n 'fechgyn' ufudd i'w tadau hyd at ganol eu tridegau. Fel yr awgryma Donnelly, dichon fod eu hymdeimlad o fod yn gymdeithasol annigonol (a'u rhwystredigaeth yn rhywiol, o bosibl) yn esbonio paham yr oedd cymaint ohonynt ymhlith y minteioedd a fu'n creu terfysg gefn trymedd nos yn adeg rhyfel y tir.

Er mai yn anaml y gwelid menywod yn dinistrio tollbyrth, byddent yn cymryd rhan, fel y crybwyllwyd eisoes, mewn ymosodiadau ar feilïaid. Yr oeddynt wrth eu bodd yn gweld beilïaid yn dioddef diheurbrawf dŵr, ac ym Mrechfa cawsant hwyl yn gwawdio beili a oedd wedi ei glymu mewn ffald. Eto, y mae'n bosibl fod menywod yn ymuno yn y gweithgareddau a drefnid gan Beca i rybuddio a chosbi gwŷr a oedd yn euog o guro eu gwragedd. Yn sicr, yn niwedd 1843, ymwelodd oddeutu 46 o fenywod â theiliwr o Fethodist ger Pontarddulais, gan fygwth ei drochi yn yr afon oni bai ei fod yn ymddwyn yn well ar yr aelwyd. Erbyn ail chwarter y bedwaredd ganrif ar bymtheg, datgela'r fath ddigwyddiad fod y gŵr a gurai'r wraig wedi disodli'r wraig a gurai'r gŵr fel cyff gwawd a gwarth 'y ceffyl pren'. Serch hynny, ni châi menywod yr un statws â dynion o fewn rhengoedd Beca, fel y gwelir oddi wrth y cynigiad gwrth-fenywod a dderbyniwyd mewn cyfarfod pwysig a gynhaliwyd liw nos yng Nghwmifor, ger Llandeilo, ar 20 Gorffennaf 1843. Wrth alw am gynnal pwyllgor o'r cyfrin-gyngor yn ôl yr angen, dywedwyd: 'Ni chaniateir i fenywod na neb o'r rhyw fenywaidd fod yn bresennol yn y cynulliad dethol hwn, ac eithrio Beca a Miss Cromwell.' Y mae'n amlwg fod dwy farn ynghylch swyddogaeth menywod ym mudiad Beca.

Yr oedd y ffaith mai gwrthryfel cymunedol oedd Beca a'i bod, yn wir, yn synio amdani ei hun felly, yn gryfder ac yn wendid yr un pryd. Fel hyn yr eglurai *The Times*, ar 25 Gorffennaf 1843, lwyddiant Beca yn osgoi'r milwyr: 'The whole country appears to be of one mind, and it is difficult to fight against an united people.' Yr oedd hyn, wrth reswm, yn anhepgor i unrhyw fudiad gerila fel, er enghraifft, y Chouans yn Llydaw. Eto i gyd, gellid dadlau bod natur hollgynhwysol y mudiad yn elfen arwyddocaol yn ei gwymp. Cynhaliwyd cyfarfodydd nosweithiol o weision ffermydd o ddiwedd Awst 1843 ymlaen ar fryniau sir Gaerfyrddin a sir Aberteifi, ac ynddynt lleisiwyd cwynion yn erbyn y ffermwyr ynghylch cyflogau isel a chamdriniaeth, ac yn enwedig ynghylch y ffaith iddynt ddiddymu'r hen arfer o roi torth o fara a darn o gaws i'r gweision bob nos yn ystod y cynhaeaf i fynd adref i'w teuluoedd. Apeliai'r gweision ar eu meistri â geiriau fel y rhain: 'Rŷn ni wedi clywed eich cwynion chi ac wedi'ch helpu i unioni'r cam; ac yn awr daeth yn bryd i ninnau ddweud ein cwynion wrthych chi.' Dyma fodd i'n hatgoffa fod y ffermwyr a'u gweision, er gwaethaf y cydgysylltiad cymdeithasol a barhâi rhwng y ddwy garfan, yn dechrau pellhau oddi wrth yr agosrwydd tadol cynharach a fodolai yn y ganrif flaenorol. Tystir i'r honiad fod y ffermwyr yn dymuno dyrchafu eu statws yn y byd gan Richard Williams, Dic Dywyll neu Fardd y Gwagedd ym 1850 yn 'Can Newydd Yn dangos dull y Byd yn yr Amser presenol, Ar rhagor ydoedd yn y Dyddiau Gynt'. Dyfynnir yma ddau bennill i ddangos hyn:

> Yn yr amser gynt 'roedd y Ffarmwr mwya'
> A'i cawl a'i cig yn fwyd y boreu,
> Yn awr mae te gan bawb o honyn'
> A rhowch y cawl ir gwas ar forwyn.

> 'Roedd y gwas ar meistr gynt yn myned
> Ar eu traed i ffair a marchnad,
> Ac er eu hol daer wraig ar forwyn
> Ar mab ar ferch heb falchder ynddyn'.

Am eu bod wedi eu dychryn gan y digwyddiadau, yr oedd y ffermwyr, yn ôl y sôn, erbyn diwedd mis Medi yn croesawu presenoldeb milwyr, er nad yw'r honiad hwn gan gyfoeswyr yn gydnaws â'r ffaith fod Beca yn dal i weithredu trwy gydol mis Hydref.

Cododd problemau tebyg ynghylch presenoldeb glowyr o fewn y mudiad. O ddiwedd Gorffennaf 1843 ymlaen symudodd canolbwynt mudiad Beca i ardal led-ddiwydiannol de-ddwyrain sir Gaerfyrddin lle yr oedd glowyr a ddioddefai ostyngiad cyflog a diweithdra yn cynorthwyo ffermwyr i falurio tollbyrth. Yn ddiamau, ni theimlent gasineb neilltuol at y tollbyrth fel y cyfryw, ac yr oedd eu dyhead am weld gostwng prisiau bwyd yn gweithio yn erbyn buddiannau'r ffermwyr. Cymhelliad amlwg oedd y tâl a dderbynient am falu clwydi. Barnent hefyd y byddent, wrth roi cymorth i'r ffermwyr, yn eu perswadio hwythau i dalu'r pwyth yn ôl rywbryd fel y byddai angen. Felly, tua chanol mis Awst, penderfynodd glowyr ardal Pontyberem a Llangyndeyrn ei bod yn bryd gofyn i'r ffermwyr ostwng pris eu cynnyrch yn dâl am y cymorth a gawsent hwy gan y glowyr i ostwng eu rhenti a'u tollau. Unwaith eto, ymddangosai hollt yn rhengoedd Beca.

Cyni a thlodi llethol, wedi eu dwysáu gan ddiffyg cydymdeimlad ac agwedd anghymodlon y landlordiaid cyfoethog tuag at y bobl gyffredin yn eu hadfyd, a oedd wrth wraidd mudiad Beca. Ond yr oedd yr hyn a alwodd yr Athro David Jones yn 'annibyniaeth' yn dechrau ystwyrian ymhlith y werin yng ngorllewin Cymru a chwaraeodd hynny'n sicr ei ran yn y mudiad. Yn bendifaddau, gallai'r arweinyddion a oedd newydd ymgodi o blith y werin, sef y pregethwyr Ymneilltuol, yn enwedig yr Annibynwyr a'r Bedyddwyr, gyfiawnhau'r ymosodiadau ar y tollbyrth trwy ddyfynnu'r Ysgrythur. Ychydig yn ddiweddarach, dangoswyd pa mor bwysig oedd swyddogaeth Ymneilltuwyr pan roddwyd cynigion gan rai gweinidogion gerbron cyfarfodydd cyhoeddus yn hydref 1843 ynghylch anghyfiawnder y trethi eglwysig a'r degwm ar eu ffurf bresennol. Yr un pryd, yr oedd y rhan fwyaf o'r pregethwyr yn teimlo'n anghysurus ynghylch y trais a ddefnyddid ac yn collfarnu hyn yn bendant. Serch hynny, ynglŷn â malurio tollbyrth, amwys iawn oedd eu hagwedd, megis agwedd arweinyddion diweddarach yn rhyfeloedd y degwm yng Nghymru: er ffieiddio'r dull, cefnogent y diben.

Bu cryn ddadlau ynghylch y graddau y dylanwadodd Siartiaeth ar Feca. Yn cymysgu â gwerin cefn gwlad yng ngwanwyn a haf 1843 yr oedd cenhadon Siartaidd, llawer ohonynt yn weithwyr wedi dychwelyd i'w plwyfi genedigol oherwydd diweithdra yng ngweithfeydd haearn y de-ddwyrain. Hawdd credu mai hunan-les a barai i'r landlordiaid dueddu i feio'r dynion dŵad o Siartwyr am bob helynt. Y mae hi'r un mor amlwg hefyd fod dychweliad gweithwyr diwydiannol yng nghanol 1843 a neges Siartwyr a ddaeth o Ferthyr ddiwedd yr haf ymlaen wedi cael rhagor o effaith nag a dybiai'r papurau newydd *The Welshman* a *The Times*.

Dyma sylwadau *The Welshman* ar 21 Gorffennaf 1843: *Poor Rebecca! . . .* You are a *Chartist!* Why, you don't know the meaning of the word. A political incendiary!—Politics and you are perfect strangers—more's the pity and the worse for you.' Dyma eglurhad *The Times* ar 18 Awst 1843: 'It is difficult to stuff the head of a Welsh farmer, who speaks and reads only Welsh, with the political crotchets of *Chartism*.' Yn nhyb yr Athro David Jones: 'Perhaps as their enemies alleged, they provided organisational skills and promoted seditious ideas on land ownership and natural rights.' Mewn llu o gynulliadau cyhoeddus mawr yn niwedd 1843, cefnogai dilynwyr Beca y syniad fod gan bawb hawl i bleidleisio a hynny trwy bleidlais ddirgel. Dangosai hyn fod ymwybyddiaeth ideolegol yn dod i'r amlwg ymhlith y werin yn ne-orllewin Cymru. Er bod arwyddion o'r newid i'w canfod er y 1830au, bu helyntion Beca yn fodd i'w hybu ymlaen. Chwaraeodd Siartiaeth ei rhan, fel y gwnaeth Ymneilltuaeth drwy finiogi'r ymdeimlad o 'annibyniaeth' a leisid yn awr gan y werin wrth fynegi cwynion a mynnu diwygio'r drefn. Os tlodi oedd prif achos y terfysg, yr oedd yna'n sicr ragor o anniddigrwydd gwleidyddol y tu ôl i'r mudiad nag yr oedd y llywodraeth a gohebydd *The Times* yn fodlon cydnabod.

Daeth terfysg Beca i ben yn hydref 1843. Digwyddodd hyn yn rhannol oherwydd y dulliau newydd o gadw'r heddwch a ddaeth i rym yn nechrau mis Hydref. Erbyn hynny, sut bynnag, yr oedd y ffermwyr eu hunain yn ymbellhau oddi wrth y mudiad, gan ofni bod gweithgarwch nosweithiol merched Beca yn peryglu eu heiddo. I wrthbwyso hyn, yr oeddynt eisoes wedi penderfynu cynnal protestiadau torfol liw dydd o ddiwedd yr haf ac, fel y crybwyllwyd eisoes, pryderent hefyd ynghylch annibyniaeth gynyddol eu gweision. Erbyn y Nadolig, yr oedd mwy a mwy o ffermwyr yn barod i wasanaethu fel cwnstabliaid rhan-amser.

Nid oedd Beca heb ei beiau. Byddai weithiau'n gorliwio rhai cwynion; er enghraifft, yr oedd yr arfer o wahanu gwŷr oddi wrth eu gwragedd a'u plant mewn tlotai yn llai cyffredin nag a honnid, ac nid arferid y prawf tloty ym mhobman ychwaith. At hynny, byddai Beca ar brydiau yn dreisgar, bwlïaidd, maleisus a dialgar wrth ymwneud â'i gelynion, a hynny heb fod angen. Yn wir, fel y dangosodd yr Athro David Jones, Duw dialedd yr Hen Destament oedd y Duw y galwai Beca arno am gymorth i'w hachos, Duw Sinai yn hytrach na Chalfaria. Er hynny, at ei gilydd yr oedd yn fudiad mawrfrydig yn pleidio achos y werin-bobl orthrymedig i sicrhau'r 'cyfiawnder' a wrthodid iddynt gan fonedd y plasau. Yr un adeg, rhaid cofio nad oedd pethau'n hawdd i'r landlordiaid ychwaith, ac ni ddylid eu collfarnu'n llwyr. Afrealaidd oedd cais Beca am weld rhenti ffermydd yn gostwng gymaint â rhwng traean a hanner y swm, o ystyried bod llawer o ystadau dan lyffethair dyledion. Yr oedd hyn, yn sicr, yn arbennig o wir am y landlordiaid lleiaf. At hynny, o wybod mai gwlad brin ei phoblogaeth oedd Cymru, lle'r oedd y werin dlawd yn crafu byw, mesurau hollol annoeth oedd Deddf Newydd y Tlodion a Deddf Cymudiad y Degwm; a'r bonedd a gafodd y dasg ddiddiolch o weithredu'r ddeddfwriaeth hynod amhoblogaidd hon. Yn wir, y mae rhywfaint o dystiolaeth eu bod yn sylweddoli annhegwch Deddf Newydd y Tlodion. Dyma eiriau gohebydd *The Times* o Gaerfyrddin ar 24 Gorffennaf 1843: 'The magistrates and poor law guardians say: "it is in most cases extremely oppressive, and we will not enforce it".' Ond os oedd rhai landlordiaid, megis Edward P. Llwyd, Glansevin, Walter R. H. Powell, Maesgwynne, ac Edward Lloyd Williams, Gwernant, yn esiampl i eraill, yr oedd gormod o lawer heb wir amgyffred dioddefaint eu tenantiaid yn sgil baich y rhenti, y degwm, y trethi a Deddf y Tlodion. Yn ei ddadansoddiad nodweddiadol graff, daw'r Athro David Jones i'r casgliad fod y rhan fwyaf ohonynt yn 'orthrymus' oherwydd eu bod wedi esgeuluso eu dyletswydd i amddiffyn eu dibynyddion.

Er iddi yn y diwedd gael ei threchu gan rym milwrol, enillodd Beca frwydrau pwysig ac ysgogi mudiadau eraill i geisio gwelliannau. Pan basiwyd Deddf y Tollbyrth, Gorffennaf 1844, diwygiwyd y system dollbyrth a'i gwneud yn llai beichus ac, yng nghwrs y terfysg ei hun, gostyngodd rhai landlordiaid eu rhenti. Llwyddodd Beca hefyd i ennyn ymateb gwleidyddol buan gan yr Ysgrifennydd Cartref, Syr James Graham: ym 1844 gwahanwyd mater bastardiaeth oddi wrth Ddeddf y Tlodion, a gostyngwyd rhywfaint ar gyflogau uchel tra annerbyniol y swyddogion lleol a weithredai Ddeddf y Tlodion. Arweiniodd y terfysg hefyd yr ynadon i gyflogi plismyn yng nghefn gwlad yn y 1840au, a chryfhawyd yr ymdrechion a wnaed yn y 1840au a'r 1850au i sefydlu rhagor o eglwysi, denu rhagor o offeiriaid brwdfrydig a darparu hyfforddiant crefyddol amgenach. Bu landlordiaid yn cyfrannu tuag at sefydlu eglwysi, ysgolion Eglwysig ac ysgolion cylchynol am eu bod yn cofio helyntion 1839-43 ynghyd â'u canlyniadau. Am yr un rheswm, cynyddodd yr elusen a roddid i'r tlodion yn ystod blynyddoedd o galedi. Yn yr un modd, yn sgil helyntion y Siartwyr, gwelwyd meistri haearn de Cymru yn ymagweddu'n fwy tadol tuag at eu gweithwyr.

Yn ôl rhai sylwedyddion cyfoes, dichon fod ailfabwysiadu'r agwedd dadol wedi adennill i fonedd y plasau barch, ymddiriedaeth a hyd yn oed edmygedd y bobl—nodweddion a gollasid yn y blynyddoedd cyn Beca. Y mae hyn yn efallai go fawr! Amau'r dybiaeth hon a wnaeth yr Athro David Jones; tybiai ef fod y parch at y tirfeddianwyr mawr a'u teuluoedd wedi ei wanychu gan y terfysg. Ganol y ganrif, ar nodyn dilornus y canodd Dic Dywyll yn 'Can Newydd yn gosod allan Anghysondeb y Byd, a chyfnewidiadau'r Amseroedd, a gobaith am wellhad':

Y dydd y delo bonedd byd
    I wrando ar gŵyn y gwan,
Cawn ddyddiau llonydd heb un llid,
    A mwynfyd ym mhob man;
Heb eisiau milwyr yn ddiwad,
    A'r wlad nid ofna loes,—
Fe gysg Rebecca gyda'i phlant
    Yn esmwyth yn y nos.

PROCLAMATION!!

REBECCA TO HER DAUGHTERS.

FROM MY MOUNTAIN FASTNESS,
PARISH OF ——, SEP. 18, 1854.

To My Dear Children!

Who settled the Turnpike Gays?—REBECCA!!!
Who must settle the Church Rays?—REBECCA!!!

Yes, My Darlings!—From information received, it is probable my services will soon be wanted again, so rig on your *Bustles*, get your *Petticoats* ready, and *Bonnets* trimmed! The arm of Oppression and Ecclesiastical Tyranny has been laid upon my people. They cry for justice, and that is withheld. I cannot turn a deaf ear to the appeals of my people, although I had hoped to have died in peace.—Be it known, therefore, to all Parties whom it may concern, that by this Proclamation, and shall no longer permit this leyving Privy Council, prohibit, condemn, in the form of Church Rate, to continue of *Black Mail*, or *Elen Montem* in any part of my dominions. It shall not be—THAT IS MY FIAT. The Sacred Name of Religion is profaned, and the pure stream of Justice wickedly perverted. Again I say—It shall not be.

Woe, woe, woe be to them who would dare to dispute my Imperial Power with a high hand, or venture to incur my Royal displeasure;—for they shall be as chaff before the whirlwind, and as stubble to the fire.

My August and Royal Brother-in-Law, Captain Rock, has delivered the Sister Kingdom, Ireland, from the Church Cess, or *Black Mail*—it will be my exalted privilege and duty to deliver Wales from the monstrous injustice of Church Rates upon my Dissenting subjects.

Farewell, My Dears, untill our next Rendezvous. Be true and faithful as heretofore, and forget not our Password.

Signed by your Protector and Defender,—REBECCA.

NOTIFICASIONE.—Postgared, and other Recusants, so called, are placed under the BROAD ARROW of my Provisional Government.—BECCA.

Countersigned by } Miss Oliver Cromwell, in command of the Bashi-Bazouks, and Leader of the Nocturnal Flying Squadron.

Registered by } Miss Catch Milton, Secretary to the Protector and the Society of Round Heads, or "Know nothings."

Indented and Embossed by } Mr. Lord Pembroc Jeffrys Warden-Perpetua, in the presence of His Worshipful Colleague, the CUSTOS ROTULORUM, in posse.

Extracted by } Miss Louisa Montalvina, Praetorea Profundum, et Magnus-Whigus, guided by Her revolving Satellite, Miss Johannatroxa Screwout, et Codicilla Scribenda.

Entered up, without } Miss Georgiana Sabbandula, a Conventual Lady, possessing many for, by Becca's own } virtues, and charms, but a Victim to the infatuated delusion of *Self-*
C. R. Board Clerk, } sacrifice at the shrine of the Public Interest.

PRINTED AT MY OWN OFFICE, BY "SWEET JENNY JONES, THE MAID OF LLANGOLLEN."

REBECCA AT EI MERCHED.

FY NGOGLEDDOL FYNYDDIG,
PLWYF ——, MEDI 18, 1854.

At Fy Anwyl Blant!

Pwy henderfynodd mater y Tollbyrth?—REBECCA!!!
Pwy raid henderfynu mater y Dreth Eglwys?—REBECCA!!!

Ie, Fy Anwyliaid!—Oddiwrth hysbysiaeth a dderbyniwyd, mae yn debyg y bydd galwad am fy ngwasanaeth, i eto; gan hyny, taclwch eich *Bustles*, helwch eich *Peisiau* mewn parodrwydd, a'ch *Bonetti* wedi eu trwsio! Mae Gormesawdd Eglwysig yn gwasgu, ar fy mhobl. Codant eu llef am gyfiawder, a chyfiawder a atelir. 'Ni allaf droi'g yglust fyddar at apeliadau taerion fy mhobl, er y gobeithiwn, gael marw mewn hedduch. Byddel hysbys, gan hyny, i bawb y perthyn tidiynt, fy mod, trwy y Cyhoeddiad hwn, a throwy amogaeth 'mlrydol fy Nirgol Gynghor, yn gwaharddl, condemnio, ar yn attal codiad yn byn a elwir y *Dreth Dda*, yn y flurf o Dreth Eglwys, yn unrhyw barth o'm tiriogaethau. Ni chaiff fod—DYNA YW'M GWARANT. Mae Enw Santaidd Crefydd yn cael ei halogi, a ffrydlif bur Cyfiawnder yn cael ei gywirdeu yn ddrygionus. Eto dywedaf—NI CHAIFF FOD.

Gwae, gwae, gwae a fydd i'r rhai hyny a feiddiant ameu fy Awdurdod Oruchel, neu a anturiant i ddyn amynt fy anfoddlonrwydd; canys byddant fel ûs o flaen y corwynt, ac fel soli i danau.

Mae Fy Arddeirbog a'm Breniml Frawd-yn-nghyfraith, Capten Rock, wedi llwyddo i warchu y Chwaer Ynys, yr Iwerddon, oddiwrth y *Dreth Dda*—fy rhagorfraint a'm órbdedwydd oruchel imi fydd gwaredu fy mhluid Ymneillduol yn Nghymru oddiwrth yr anghyfiawnder anghonfidiaidd hwnw, dan y gysawtiad o Dreth Eglwys.

Ffarwel, fy Anwyliaid, hyd am yngyfarfyddiad nesaf. Byddwch gywir a ffyddlawn fel arfer, ac na anghofiwch ein Twyddedl-air.

Ligaw-nodwyd gan eich Ymgeledwr a'ch Amddiffynydd—REBECCA.

HYSBYSIAD.—Mae Postcarare, a rhia lleoedd ereill, wedi eu gosod dan ofal fy Llywodraeth Diarlodawl.—BECCA.

Gwrthnodwyd gan
Miss Oliver Cromwell, } Mewn llywyddiaeth o'r Bashi-Bazouks, a'r Fyntai Nosawl.

Pan na bo eith f'w chael mewn tŷ, yn nisaeu fe chwyry'r llygoed, Tra'n harefog wyr 'rol Nick wr lâg', daw allan y Becenod, Chwi, holl Forbonniid du eich traia, syndymat wyr i ddiygyn, Mae genym eto ddenfydd pais, os rhaid ai'ch tynwra tan.

Hîc, ffal ijn rál, &c.

A'r prydd gwnaeth Becca'n dawydd ei rhan, Dreth Eglwys niff lii insuf; Gynt rhoddan'i cyrff i'r eiddil gwan, gyr gwan rydd 'naawr fr'r crytuf. 'Dreth Eglwys, 'naawr berth wlywe heu, ond chwys y bobl dliodion, Yn gwaeddu'n uchel ar Ddirw' f nef, am anfon diabrid eytion.

Hîc, ffal ijn rál, &c.

---

17 Galw pellach am wasanaeth merched Beca mor ddiweddar â 1854.

Yn sicr, ni lwyddwyd i ailglymu'r rhwymau nodweddiadol o gymdeithas glòs a oedd, o bosibl, wedi darfod erbyn diwedd y ddeunawfed ganrif pan gefnodd y teuluoedd bonedd ar eu mamiaith a mabwysiadu gwerthoedd ac arferion Lloegr. Ar y llaw arall, golygai'r llewyrch economaidd yn nhrydydd chwarter y ganrif fod y gydberthynas rhwng meistr tir a thenant (a rhwng ffermwr a gwas) wedi gwella'n arw ar yr ystadau mawr ac wedi parhau'n bur dda tan y Dirwasgiad Mawr o'r 1870au diweddar hyd at y 1890au diweddar, a sbardun mudiadau'r Gwyddelod a'r Crofftwyr, a'r ochri gyda'r offeiriaid ynghylch y degwm. Erbyn y 1890au cynnar, yr oedd cefnogaeth eang o blaid diwygio tir yng nghymunedau amaethyddol Cymru, gan adael Charles Fitzwilliams o'r Cilgwyn, sir Aberteifi, i gnoi cil: 'The old ways are things of the past, landlords and tenants are not now the same to each other.'

Er bod Henry Richard yn gwadu hynny, yr oedd gan Feca agenda wleidyddol fel bod 'rhai o'r hen ffermwyr a fynychodd lwyfannau etholiad y 1860au wedi dysgu agenda radicaliaeth wledig yn y cynulliadau hynny ar y llechweddau ym 1843, a'u meibion hwythau a fyddai'n ei chyflwyno yn ei ffurf estynedig i'r Comisiwn Tir yn y 1890au'. Y mae'n ddiamau fod cyfarfodydd gwleidyddol 1843 wedi hyrwyddo'r ymdeimlad o 'annibyniaeth' ymhlith y werin-bobl. Ond gellir gorbwysleisio'r gwleidyddoli cynnar. Ar y llaw arall, ai diflannu, megis niwl y bore, fu hanes yr 'ymdeimlad' cynnar hwnnw, fel y gwnaeth yr arwyddion ysbeidiol o'r ymwybyddiaeth o ddosbarth gweithiol ym Merthyr yn y 1830au a'r 1840au? Yr oedd rheolaeth gyfrwys y bonedd ar ddylanwad a phŵer yn seiliedig i raddau ar barch a gwrogaeth y tenantiaid mewn blynyddoedd o ffyniant economaidd. Golygai hyn, fel y dangosodd Ieuan Gwynedd Jones a Ryland Wallace, mai nodweddion amlwg cymunedau gwledig megis rhai sir Aberteifi yn y 1850au a'r 1860au oedd difaterwch, anwybodaeth a gwrthnysigrwydd.

Yn ei gyfrol *Customs in Common* dywed Edward Thompson: 'In the end "Rebecca" ceded her temporal

18 Yr Athro David Jones (1941-94), awdur *Rebecca's Children* (1989).

authority, but undoubtedly her spiritual dictatorship survived for much longer, and in ways which only a Welsh-speaking historian will be able to disclose.' Yn benodol, fel y dangosodd yr Athro David Jones, yr oedd Beca yn dal i weithredu yn y 1860au ar afonydd Teifi, Tywi, Nyfer ac eraill, gan wrthwynebu ymdrechion y bonedd i reoli pysgota ac i wahodd herwhela. Byddai dynion, â'u hwynebau wedi'u duo ac yn cario picellau, yn pysgota'r afonydd liw nos. Yn oriau mân y bore, gwelid grwpiau, o dan arweiniad Beca, yn difrodi coredau a rhwydi ac yn rhoi eiddo gwŷr mawr ar dân. Ar raddfa fwy, byddai dynion â wynebau duon ac yn gwisgo dillad merched yn pysgota eogiaid yn afon Gwy o 1856 ymlaen, gan herio gwaharddiad llym y deddfau rhag pysgota eogiaid fel y'u gweithredid gan y Wye Preservation Society a sefydlwyd yr un flwyddyn. Cyrhaeddodd y gwrthdaro hwn ei anterth yn y blynyddoedd 1877-82. Parhâi awdurdod ysbrydol Beca hefyd yn fyw ym materion moesoldeb rhywiol. Cyfeiria Edward Thompson at y digwyddiad yn Llanbister, sir Faesyfed, yn Ionawr 1898, pryd y gorfododd haid o ferched Beca, â wynebau duon, ddyn a menyw a oedd wedi tramgwyddo yn erbyn 'deddfau moesoldeb' i gerdded bron yn noeth yn ôl ac ymlaen ar hyd glan nant am ugain munud cyn eu curo â strapiau wrth iddynt redeg ar draws y caeau. Fe'u hebryngwyd wedyn i gartref y dyn, lle y bu Beca yn eistedd mewn barn ar y ddau. Fe'u dedfrydwyd i ddioddef rhagor o guro a'u gorfodi i gerdded ar hyd ac ar led y caeau dan gydio yn nwylo'i gilydd. Torrwyd eu gwalltiau i ffwrdd, a'u bygwth â thar a phlu—gweithred nas cyflawnwyd trwy drugaredd.

Dangosodd Dr Matthew Cragoe fel yr oedd hen ddefodau codi cywilydd 'y ceffyl pren' yn dal mewn bodolaeth yn y 1860au a bod hyn yn ategu awdurdod moesol newydd y capeli. Gwelwyd hyn yn nyddiau tanbaid gornestau etholiadol 1868 pryd yr uniaethid y capeli â Rhyddfrydiaeth. Anfonwyd llythyrau bygythiol gan gymdogion at rai tenantiaid a gymerasai ffermydd a thyddynnod y rhai a drowyd allan am bleidleisio yn ôl eu cydwybod—yr oeddynt i ymadael neu ddioddef y canlyniadau. Derbyniwyd llythyr o'r fath gan denant newydd tyddyn a oedd yn eiddo i Captain Jordan, Pigeonsford, ar ôl i'r tenant blaenorol gael ei droi allan am bleidleisio yn erbyn buddiannau ei feistr. Llofnodwyd y llythyr: 'One who will have fair play. BECCA.' Dengys diweddglo'r llythyr hwn mai pennaf apêl Beca i'r sawl a ddioddefai gam oedd fel 'amddiffynnydd y bobl' yn mynnu chwarae teg ac yn gwneud daioni. Fel y dywedodd Edward Thompson: 'for a few brief months even the poorest and most despised of the people of Carmarthenshire had a glimpse of an ideal of truly popular justice.'

DARLLEN PELLACH

Samuel Clark, *Social Origins of the Irish Land War* (Princeton, 1979).

Matthew Cragoe, 'Conscience or Coercion? Clerical Influence at the General Election of 1868 in Wales', *Past and Present*, 149 (1995).

Natalie Z. Davis, 'Women on Top: Symbolic Sexual Inversion and Political Disorder in Early Modern Europe', *The Reversible World: Symbolic Inversion in Art and Society*, gol. B. A. Babcock (Cornell, 1978).

J. P. D. Dunbabin, *Rural Discontent in Nineteenth-Century Britain* (Llundain, 1974).

David Jones, *Rebecca's Children* (Rhydychen, 1989).

Ieuan Gwynedd Jones, *Explorations and Explanations* (Llandysul, 1981).

Donald Sutherland, *The Chouans: the social origins of popular counter-revolution in Upper-Brittany, 1770-1796* (Rhydychen, 1982).

Edward Thompson, *Customs in Common* (Llundain, 1991).

Ryland Wallace, *Organise! Organise! Organise!: a study of reform agitations in Wales, 1840-1886* (Caerdydd, 1991).

David Williams, *The Rebecca Riots* (Caerdydd, 1955).

'ANADNABYDDUS NEU WEDDOL ANADNABYDDUS': CYD-AWDURESAU ANN GRIFFITHS YN HANNER CYNTAF Y BEDWAREDD GANRIF AR BYMTHEG

Jane Aaron

Am y Penillion yma, y mae arnaf lawer o ddigalondid i'w rhoddi allan, wrth feddwl am fy ngwaeledd ynddynt, ac ym mhob peth arall. — Ond wrth gael fy nghymmell, weithiau gan fy mrodyr, ac weithiau gan fy nghydwybod fy hun, rhag fy mod wedi derbyn talent ac yn ei chuddio yn y ddaear, yr wyf yn eu rhoddi allan fel y maent.

Jane Edward, 1816

Y mae *Blodeugerdd Barddas o'r Bedwaredd Ganrif ar Bymtheg* yn cynnwys gwaith dwy fenyw, ond enw dim ond un ohonynt sy'n ymddangos mewn llythrennau breision yn y 'Cynnwys'. Ann Griffiths yw honno, ac fel y gellir disgwyl y mae iddi le anrhydeddus iawn yn y gyfrol. Dim ond ychydig linellau a gawn o waith yr awdures arall, a gwelir y rheini yn isadran olaf y gyfrol, o dan y teitl 'Anadnabyddus neu Weddol Anadnabyddus'. Serch hynny, y mae iddi hithau enw a chyfeiriad, sef (*Begi Llwyd, Dolwyddelan*) yn llechu mewn cromfachau a phrint italig bychan o dan ei phwt o bennill. Nid oes yr un o feirdd eraill y gyfrol yn derbyn yr un driniaeth: dienw yw gweddill y cyfraniadau yn yr isadran olaf, ac er na chaiff un neu ddau o'r brodyr eu cynrychioli gan fwy na phennill, eto fe restrir eu henwau hwy â phob dyledus barch yn y 'Cynnwys'. Ond ymddengys nad yw goroesiad enw yn ddigon ynddo'i hun i achub merch rhag rhengoedd y di-sôn-amdanynt. Yn ôl y cyd-destun hwnnw, 'anadnabyddus neu weddol anadnabyddus' yw pob awdures yr wyf am ei thrafod yn yr ysgrif hon. Ac eto y mae enw pob un ohonynt naill ai yn ymddangos yng nghatalog llyfrau printiedig y Llyfrgell Genedlaethol, neu yn nheitlau erthyglau ysgolheigaidd sy'n cynnwys detholiad o'u gwaith. Bu pob un ohonynt yn cyfansoddi a hefyd, gan amlaf, yn cyhoeddi, cyn ail hanner y bedwaredd ganrif ar bymtheg.

Dywedir yn rhifyn arbennig *Y Traethodydd* ar 'Ferched a Llenyddiaeth' mai ym 1850 yr ymddangosodd y 'gyfrol gyntaf gan ferch a gyhoeddwyd yn yr iaith Gymraeg'. *Telyn Egryn*, cyfrol o gerddi gan Elen Egryn, sef Elin Evans o Lanegryn, oedd y llyfr hwnnw. Yn ei froliant ar Elen Egryn yn y cylchgrawn *Y Gymraes*, a olygwyd ar gyfer merched ym 1850-1, y mae Ieuan Gwynedd hefyd yn cyflwyno ei gwaith i'w ddarllenwyr fel man cychwyn cyhoeddiadau benywaidd yn y Gymraeg. Cyn *Telyn Egryn*, meddai, 'nid ydym yn cofio am un llyfr Cymreig wedi ei ysgrifennu gan Ferch, oddieithr ychydig Emynau'. Rhyfedd bod Ymneilltuwr brwd fel Ieuan Gwynedd yn diystyru llên grefyddol yn y modd hwn. Nid oes eisiau ond chwilota trwy dudalennau *Libri Walliae*, ffrwyth ymchwil lyfryddol Eiluned Rees, i ddarganfod bod nifer o weithiau gan fenywod wedi ymddangos mewn print yn y Gymraeg cyn 1820. Crefydd yw pwnc a symbyliad y gweithiau hyn bron yn ddieithriad, ond nid yw hynny'n syndod, o gofio crefyddoldeb cyffredinol cyhoeddiadau Cymraeg cyn canol y ganrif. Dengys *Libri Walliae* nad pamffledwyr neu awduron-un-emyn mo'r merched hyn i gyd ychwaith. Llyfryn o 32 tudalen a gyhoeddwyd gan Jane Edward ym 1816, a cheid 34 tudalen yn llyfr cyntaf Jane Roberts, Llandwrog, a ymddangosodd tua 1820: testunau byrion, mae'n wir, ond dim ond 48 tudalen a geid yn *Telyn Egryn*. Pan ymddangosodd ail argraffiad llyfr Mary Owen, Cwmafan—*Hymnau, ar amryw destunau*—ym 1840, yr oedd ynddo 94 o ddudalennau, a phe rhoddid at ei gilydd holl gyfansoddiadau Jane Hughes, Pontrobert, a ddechreuodd gyhoeddi ei phamffledi toreithiog ym mhedwardegau'r ganrif, gellid creu llyfr tra swmpus. Fodd bynnag, nid oes llawer o rinwedd mewn codi dadleuon ynghylch pwy a ddaeth yn gyntaf neu pwy a ysgrifennodd fwyaf. Yr hyn sy'n bwysig yw gwerth y testunau coll hyn i ddarllenwyr heddiw.

Yn nhyb yr ychydig ymchwilwyr blaenorol a aeth ar drywydd yr awduresau cynnar, yr oedd eu gwaith o bwys fel prawf o fenyweidd-dra gwylaidd a thyner y Gymraes, yn ogystal â'i hathrylith a'i chrefyddoldeb. Fel eglurhad o'i amcanion, wrth gyhoeddi am y tro cyntaf emynau a gyfansoddwyd gan Elizabeth Phylips o Benrhyn, Conwy, ym 1836, meddai Carneddog ym 1906:

Wrth ddarllen hanes, a mawrygu ffrwyth myfyrdodau effro a threiddgar ein prif emynyddes o Ddolwar Fach, tarawyd fi â mwy o ysbryd chwilota am ychwaneg o gynnyrch awen iraidd ein prydyddesau Cymreig. Nawseiddir ei barddoniaeth, bron bob amser, â rhyw dynerwch hyfryd, swynol, a tharawiadol. Oherwydd gwyleidd-dra, neu resymau anhysbys, y mae gwaith oes llawer merch o athrylith loew wedi cael ei gadw dan gudd oddiwrth lygaid y cyhoedd darllengar, er difrif resyndod a cholled i'n llenyddiaeth.

Er y gellid eilio'r cymalau olaf, ymddengys fod diffiniad Carneddog o'r hyn sy'n nawseiddio canu'r menywod wedi ei lunio o dan ddylanwad y syniad Fictoraidd fod rhyw addfwynder hanfodol yn perthyn i'r ferch. Ond nid byd addfwyn na thyner oedd byd go-iawn y mwyafrif o aelodau benywaidd yr enwadau Ymneilltuol yng Nghymru'r bedwaredd ganrif ar bymtheg, ond byd hynod galed. Yn ôl rhai cyfranwyr i gylchgrawn Ieuan Gwynedd, ychydig o gyfle a gâi Cymraes yr oes i feithrin nodweddion 'traddodiadol' benywaidd, heb sôn am fagu athrylith: yr oedd ei gorchwylion dyddiol yn aml yn ei gorfodi i amlygu mwy o wydnwch na dynion. 'Gweithir y merched yma yn galetach nâ'r bechgyn', medd Llawddog am ferched sir Aberteifi ym 1850: 'Gorfodir hwynt i godi am bedwar o'r gloch y borau, os nad yn gynt nâ hyny lawer pryd, i wneud eu gorchwylion teuluaidd, cyn myned allan efo y bechgyn i'r meusydd; a phan ddychwelont yn yr hwyr, bydd gwaith dwy awr yn eu haros fynychaf yn y tŷ drachefn, ar ol i'r bechgyn fyned i orphwys.' Nid oes rhyfedd na châi llawer ohonynt yr amser i ddilyn crefft y bardd neu'r awdur o dan y fath amgylchiadau, ac y mae prinder lleisiau benywaidd yn niwylliant yr oes yn ychwanegu at werth gweithiau yr ychydig rai a lwyddodd i fynegi peth o'u profiad mewn print.

Fel y mae amryw hanesydd wedi ein hatgoffa yn ddiweddar, rhan o'r ymgyrch i amddiffyn enw da merched Cymru ar ôl y sarhad a dywalltwyd arnynt gan Frad y Llyfrau Gleision ym 1847 oedd cyhoeddi'r *Gymraes*. Perthyn ysgrif Llawddog i ymdrech Ieuan Gwynedd ar y naill law i amddiffyn y Gymraes trwy egluro'r gwahaniaethau rhwng ei sefyllfa hithau a sefyllfa merched dosbarth-canol Lloegr yn oes Victoria, ac ar y llaw arall i'w hysbarduno i efelychu purdeb y ddelwedd o'r fenyw fel 'Angel yr Aelwyd' a oedd mewn bri ym myd y Sais diwylliedig y pryd hwnnw. Yr oedd elfennau paradocsaidd yn perthyn i'r ymgyrch: rhaid oedd

19 Evan Jones (Ieuan Gwynedd), 1820-52, golygydd *Y Gymraes*.

annog y Gymraes i amlygu ei boneddigeiddrwydd a'i phurdeb cynhenid yn gyhoeddus, ac ar yr un pryd ei pherswadio i feithrin y gwyleidd-dra a'r mudandod a oedd yn rhan hanfodol o'r ddelfryd fenywaidd, yn ôl ideoleg y cyfnod. 'Yr ydym yn hyderu creu yn ein merched awydd *darllen*', meddai Ieuan Gwynedd yn ei ragarweiniad i rifyn cyntaf y *Gymraes*: 'Gobeithiwn mai eu hysgrifau hwy a lanwant y "Gymraes" cyn hir.' Ac y mae'n gosod Elen Egryn o'u blaenau yn esiampl i'w hefelychu. Ond ar yr un pryd y mae hefyd yn cynnwys yn ei gyfnodolyn ysgrifau sy'n rhybuddio merched fod yn rhaid iddynt eu disgyblu eu hunain i gadw'n ddistaw, os ydynt am ymddangos yn dderbyniol yng ngŵydd dynion. 'Gwell genyf adnabod person merch ieuanc trwy gyfrwng y llygaid, yn hytrach na thrwy gyfrwng y glust', meddai un cyfrannwr wrth restru 'gwylder' fel un o brif angenrheidiau gwraig. Nid rhywbeth newydd oedd annog menywod i beidio â chodi eu lleisiau yn gyhoeddus; fel y cawn weld, dengys ymddiheuriadau yr awduresau cynnar, wrth geisio esgusodi eu hyfdra yn cyhoeddi eu gwaith, fod y rheol distawrwydd yn fwrn ar ferched ymhell cyn dyddiau'r Llyfrau Gleision. Er bod diwygiadau crefyddol y ddeunawfed ganrif wedi rhoi sbardun arbennig i amryw i fynegi eu teimladau ysbrydol, ni roes iddynt lwyfan cyhoeddus newydd fel pregethwyr neu arweinwyr seiadau, fel y gwnaed yn achos dynion. Yn y cyd-destun hwn, perthyn hefyd ddiddordeb arbennig i waith awduron benywaidd cynnar fel cynnyrch rebel yn wyneb patriarchaeth yr oes: er iddynt bledio eu gwyleidd-dra, drwy ymddangos mewn print yr oeddynt yn anochel yn herio'r gyfundrefn. Y syndod yw fod merched gorthrymedig yr oes wedi cael yr hyder i gyfansoddi o gwbl, heb sôn am gymryd y cam herfeiddiol o gyhoeddi eu gwaith.

Eto i gyd, o edrych arnynt o safbwynt arall, nid yw bodolaeth yr emynyddesau cynnar yn syndod o gwbl. Wrth gyflwyno gwaith Elizabeth Phylips yn y dyfyniad uchod, cyfeiria Carneddog at waith Ann Griffiths. Hyd yn hyn, ystyriwyd Ann Griffiths yn un o wyrthiau mawr y traddodiad llenyddol Cymraeg, nid yn unig oherwydd

20 'Y danbaid fendigaid Ann': Ann Griffiths, Dolwar Fach (1776-1805).

llewyrch ei chynnyrch ond oherwydd ei safle arbennig fel yr unig ferch a lwyddodd i greu cerddi byw ar drothwy'r bedwaredd ganrif ar bymtheg. Bu ei hunigrywiaeth yn fodd i feithrin y ddelwedd gyfarwydd ohoni fel un a ysbrydolwyd gan ei ffydd i lefelau goruwch na'r hyn y gellid eu disgwyl gan wragedd. Hi oedd yr eithriad sanctaidd a oedd fel petai'n profi'r ddadl nad oedd yn naturiol i ferched o gig a gwaed gyfansoddi. Ond fel y mae llawer o ymchwilwyr ffeminyddol mewn amryw o feysydd gwahanol wedi profi, y gwir yw na chafwyd erioed mewn unrhyw oes yr un awdures yn cyfansoddi ar ei phen ei hun, heb fod rhai o'i chwiorydd hefyd wedi mynnu'r ysgrifbin: os yw gwaith un fenyw ar gof a chadw, yna gellir bod yn sicr fod gweithiau gan fenywod eraill o'r un cyfnod hefyd ar gael, os chwiliwn amdanynt. Tuedd yr elfen wryw-ganolog mewn beirniadaeth lenyddol yw mawrygu un awdures fel y fenyw symbolaidd, a thynnu llen dros y gweddill.

Elfen arall bwysig yn y 'wyrth' a adwaenir fel 'Ann Griffiths' yw'r ffaith mai dim ond trwy hap a damwain y cadwyd ei gwaith i'r oesoedd canlynol. Y mae hanes cyhoeddi gwaith Ann hefyd yn anogaeth i'r hanesydd llenyddol roi heibio'r syniad y gellir yn hawdd gael gafael ar weithiau benywaidd eraill o'r un oes. Y mae ei phreifatrwydd dewisedig, drwy wrthod hyd yn oed greu llawysgrif o'i phenillion, heb sôn am eu cyhoeddi, yn unol â'r ddelwedd o wyleidd-dra hanfodol y fenyw. Serch hynny, ym 1806 ymddangosodd gwaith Ann Griffiths yng nghasgliad Thomas Charles o'r Bala, ac y mae olion ei dylanwad i'w gweld yn eglur ar waith nifer o'r emynwyr a drafodir yn yr ysgrif hon. Y maent yn adlewyrchu amryw o'i themâu cyfarwydd hithau, ac ar adegau hyd yn oed yn adleisio ei geiriau. Yn ôl Virginia Woolf yn *A Room of One's Own*, dilyn yn ôl traed eu mamau llenyddol, yn hytrach na'u tadau, yw tuedd awduron benywaidd yn gyffredinol, ac amlygir hynny yn eglur ddigon yn amryw o'r gweithiau y cyfeirir atynt isod. Rheswm da arall, felly, dros atgyfodi lleisiau coll chwiorydd Ann yw fod eu gweithiau yn creu cyd-destun newydd, benywaidd, i'w gwaith hithau. Y mae'n wir mai yn ysbeidiol y deuwn ar draws barddoniaeth sy'n cymharu o ran ansawdd â'i chanu hi yng ngwaith ei chwiorydd, ond y mae'r ffaith fod yna elfennau yn eu hemynau sy'n dwyn perthynas agos â'i chyfansoddiadau hi yn gymorth i ni edrych ar Ann Griffiths fel benyw go-iawn, yn perthyn i'w chymdeithas, yn hytrach nag fel eithriad arallfydol. Nid cyflwyno awduron anghofiedig o'r newydd fel unigolion, nac ychwaith feirniadu safon lenyddol eu gwaith yw prif nod yr ysgrif hon, felly; yn hytrach, trafodir nodweddion a meddylfryd y Gymraes yn hanner cyntaf y bedwaredd ganrif ar bymtheg.

'Cwbwl groes i natur/ Yw fy llwybr yn y byd', meddai Ann Griffiths, wrth gyfeirio at y modd yr oedd ei bywyd ysbrydol, wedi ei thröedigaeth, yn ei dieithrio o'i hen ffyrdd 'naturiol'. Dengys yr ymddiheuriadau sy'n aml yn rhagarwain eu cyhoeddiadau fod llawer o'i chwiorydd yn teimlo i'r byw fod ymddangos yn gyhoeddus mewn print ynddo'i hun yn weithred annaturiol i fenyw. Eto i gyd, yr oedd yr Hwn a roes y cymhelliad i farddoni iddynt yn mynnu eu bod yn datgan eu talent. Dyna, o leiaf, oedd un o esgusodion Jane Edward wrth gyflwyno ei chyfrol *Ychydig Hymnau, a gyfansoddwyd ar amrywiol achosion* i'w darllenwyr ym 1816. 'Am y Penillion yma', meddai:

> y mae arnaf lawer o ddigalondid i'w rhoddi allan, wrth feddwl am fy ngwaeledd ynddynt, ac ym mhob peth arall. — Ond wrth gael fy nghymmell, weithiau gan fy mrodyr, ac weithiau gan fy nghydwybod fy hun, rhag fy mod wedi derbyn talent ac yn ei chuddio yn y ddaear, yr wyf yn eu rhoddi allan fel y maent.

Gostyngeiddrwydd yw un o brif nodweddion Jane Edward fel bardd: 'Rwy'n teithio megis ar fy asyn', meddai yn un o'i 'hymnau', 'rwy'n rhodio'n agos iawn i'r llawr'. Y mae Mary Owen hefyd yn gofalu nodi ar ddalen flaen ei llyfr *Hymnau ar amryw destunau* mai 'dymuniad cyfeillion' yn unig sydd wedi ei pherswadio i'w cyhoeddi, ac y mae un o'r cyfeillion hynny, y Parchedig William Williams, Caernarfon, yn ei ragair i'r gyfrol, yn sicrhau'r cyhoedd mai 'Cristiones ostyngedig a hunanymwadol' yw'r bardd. Rhaid oedd amddiffyn yr awdures rhag unrhyw syniad ei bod wedi dewis cyhoeddi er mwyn boddhau rhyw 'hunan ymchwydd cas', a 'dangos ei hun'. Ni frithir cyhoeddiadau dynion â hanner cymaint o ymddiheuriadau poenus o'r fath, er nad yw'r Testament Newydd yn pennu gostyngeiddrwydd fel rhinwedd a berthyn i'r rhyw deg yn unig.

Chwa o wynt iach yw llais Jane—neu Siân—Hughes, Pontrobert, yn y fath gyswllt. Ac eithrio Ann Griffiths, hon, yn fwy nag un o'r awduresau eraill, sy'n dangos yn ei chanu nwyd aflywodraethus y diwygiadau mawr. Merch a ddewisodd William Williams fel llefarydd dros y Diwygiad

21 Jane Hughes (Deborah Maldwyn), 1811-80.

Methodistaidd yn *Llythyr Martha Philophur* (1762), ac y mae penillion Jane Hughes yn aml yn adlewyrchu sêl Martha. Er bod y mwyafrif o'i chyhoeddiadau yn dyddio o ail hanner y bedwaredd ganrif ar bymtheg, o ran anian y maent yn perthyn yn nes at feddylfryd y ddeunawfed ganrif. Fel yn achos Martha, nid yw am ymddiheuro oherwydd ei bod 'yn fynych yn methu atal fy nhafod rhag gweiddi allan, "Da yw Duw"'. Oherwydd ei hynodrwydd yn ei hoes, ac oherwydd pwysigrwydd ei theulu, y mae bywyd Jane Hughes yn fwy hysbys i ni na bywyd y mwyafrif o'i chyfoedion benywaidd. 'Fe'm ganwyd yn Sïon', meddai yn un o'i phenillion, ac os oedd hynny'n wir am unrhyw Gymraes yr oedd yn wir am Jane Hughes. Merch ydoedd i John Hughes, cynghorydd ysbrydol Ann Griffiths, a Ruth Evans, ei morwyn. Rhaid ei bod wedi ei thrwytho yn emynau Ann o'i phlentyndod, gan mor fynych yr ymddengys adlais o eiriau Ann yn ei chyfansoddiadau hithau. Hawdd dychmygu Ruth Evans, wedi iddi drosglwyddo penillion ei meistres o'i chof i ysgrifbin ei gŵr, yn parhau i'w canu a'u hailadrodd yng ngŵydd ei merch. Y mae'n siŵr fod esiampl Ann fel bardd hefyd wedi bod yn sbardun i Jane Hughes.

Cyhoeddodd ei chyfrol gyntaf o emynau ym 1846 a bu'n cyhoeddi llyfrau bychain a phamffledi yn gyson ar ôl hynny tan ei marwolaeth ym 1880. Yn ôl O. M. Edwards, yn ei ysgrif gofiannol amdani, cymaint oedd ei hynodrwydd yn ei hoes nes iddi ennill rhywfaint o enwogrwydd fel 'carictor' a fyddai'n teithio o gwmpas pentrefi gogledd Cymru trwy gydol y ganrif, gan efengylu ar gorneli strydoedd, dwrdio'r boblogaeth yn huawdl a chroch, a mwynhau cetyn wrth drampio o'r naill sasiwn i'r llall. 'Yr oedd yn ddifeddwl', meddai O. M. amdani, yn garedig: 'gorfod i Dr Edwards ofyn iddi yn seiat y Bala unwaith eistedd yn yr un ystum â chrefyddwyr ereill.' Ni allai hon ddweud, fel y gwnaeth Jane Edward, fod yna 'ormod o gydffurfiad/ Yn f'agwedd i â'r byd'. Y mae ganddi lais barddonol ffres iawn, a'i hyder yn dra gwahanol i weddeidd-dra a gostyngeiddrwydd confensiynol yr oes.

22 John Hughes, Pontrobert (1775-1854), tad Jane Hughes.

Serch hynny, poenid Jane Hughes hefyd, weithiau, gan amheuon ynghylch dilysrwydd cyfuno swyddogaeth y bardd a swyddogaeth y fenyw. Ond, yn ei hachos hi, nid anogaeth dynion yn gymaint â lleisiau nefolaidd a'i siarsiai i ddal ati: nid yw'n ceisio cefnogaeth gan 'eilunod gwael y llawr'. Dechreuodd ei choffadwriaeth ar gân i'r Parchedig Henry Rees yn y modd canlynol:

D'wedai rhywbeth wrthwy'r Sabboth
Pam 'rown mewn myfyrdod dwys
Tro dy bin, mae'n rhaid it' ganu
'Rol dy frawd aeth tan y gwys;

....

Mi ymdrechais beidio canu,
Teimlo f'annheilyngdod mawr,
Tan ddaeth angel HENRY ataf
Foreu'r Llun ar doriad gwawr,
Cana di, mae i ti roesaw,
Mae holl ddoniau'r Nef o'th du . . .

Yr oedd y geiriau hyn, wrth gwrs, yn galonogol, ac aeth
ymlaen i gyfansoddi ei farwnad. Ond ceir un pennill ynddo
sy'n dangos cymaint yr oedd Jane yn tramgwyddo yn erbyn
traddodiadau'r oes wrth ymagweddu fel canwr mawl:

Fe ga'dd HENRY bob anrhydedd
Gan ei frodyr yma 'nghyd,
A'r chwiorydd arno'n gweini
Yn y parlwr goreu clyd . . .

Gweini oedd swyddogaeth y merched, nid anrhydeddu ar gân
yn gyhoeddus: gwaith i'r brodyr yn unig oedd hynny. Hynny
yw, onid oedd lleisiau nefolaidd wedi cymell y fenyw i
ymgymryd â'r dasg.

Llwybr 'croes i natur', yn ôl barn yr oes am y natur
fenywaidd, a ddilynodd Jane Hughes trwy ei bywyd; ni
phriododd erioed ac ni chafodd blant. Ond yr oedd meini
tramgwydd sylweddol yn wynebu'r sawl a geisiai gyfuno ei
bywyd ysbrydol a'i swyddogaeth draddodiadol fenywaidd. Yr
oedd plant bychain a babanod yn marw fel pryfed y pryd
hwnnw, a cheir gan Jane Edward un emyn teimladwy sy'n
dangos ôl ei brwydr i barhau i foli Duw fel Duw daioni a
chariad ar ôl colli plentyn. 'Rhoddaist i mi blant i'w magu',

diolchai i'w Duw, ond 'Galwaist rai o'r rhei'ny'n ol'. Dengys ei phenillion pa mor isel oedd ei hysbryd a'r ymdrech a olygai i barhau i weddïo 'gwneler dy ewyllys' o dan y fath golled:

> Cym'raist blentyn o fy mynwes,
>   Rho im' fendith yn ei le,
> Y'ngwyneb pob rhyw brofedigaeth,
>   Rho'th adnabod Frenhin ne'.

>   ....

> N'ad im' 'laru mwy am dano,
>   Ond rho im' gofio rhai sy'n fyw,
> Rho im' hynny wrth eu magu,
>   Eu dwyn i fynu'n ofon Duw.

Gan fod colli plentyn yn brofiad a ddaeth i ran nifer helaeth o famau'r bedwaredd ganrif ar bymtheg, y mae'n syndod na chafodd emyn mor berthnasol â hwn fwy o boblogrwydd ymhlith yr holl gymdeithasau'r chwiorydd a'r cyfarfodydd Dorcas. Ond y cyhoeddwyr a'r casglwyr a benderfynai pa weithiau a oroesai, a dynion oeddynt hwy. Ni chafwyd ail argraffiad o lyfr bach diymhongar Jane Edward a, hyd y gwyddys, nid ymddangosodd ei hemynau erioed yn yr un casgliad enwadol.

Ni ddaethpwyd o hyd i emyn cyffelyb ymhlith gwaith awduron benywaidd eraill y cyfnod dan sylw, ond ceir un thema 'croes i natur' sy'n amlwg iawn yn eu hemynau, sef rhyfeddod y profiad o gymryd y Duwdod, yn hytrach na dyn, fel priod. Hon oedd un o themâu mawr Ann Griffiths ei hun, wrth gwrs. Yr oedd y 'Ffordd' iddi hi 'yn Briod', a chariai ei chroes ar hyd ei llwybr annaturiol yn dawel 'am mai croes fy mhriod yw'. Dyma un o brif themâu Jane Roberts hefyd yn ei chyfrol *Hymnau Newyddion, ar Destunau Efengylaidd* (1820); er bod 'llid y ddraig/ Am dduo gwraig yr Oen', y mae Ef yn mynnu ei chael hi'n 'lân fel eira gwyn' ar gyfer y

briodas. Defnyddia Jane Roberts drosiadau benywaidd iawn i
ddisgrifio ei phrofiad, gan ganolbwyntio ar newid gwisgoedd:

> Mae fy nghyfiawnderau'n fyrion,
> Gwisgoedd carpiog, bratiau budron;
> Am fy nghael 'rwyf, heb y rhei'ny,
> Yn y wisg a drefnodd Iesu.

> ....

> Arglwydd gwna fi ynddi'n addas,—
> Gemwaith euraidd wisg briodas.

Dengys y gwrthgyferbyniad hwn, rhwng 'bratiau' budr a
charpiog ei bywyd beunyddiol ac euraidd wisg y briodasferch
gadwedig, apêl a rhyfeddod y dröedigaeth Gristionogol i'r
ferch yn oes Ann Griffiths. Yn llythrennol, yn ogystal â
throsiadol, hi oedd 'llwch y llawr'; distadl iawn oedd ei safle
cymdeithasol, ond pa mor ddilornus a chaled bynnag ei
sefyllfa fydol, eto fe roddwyd iddi trwy nerth ei ffydd
waredigaeth i ymfalchïo a gorfoleddu ynddi. Aiff Jane
Hughes, yn ei phamffled *Buddugoliaeth y credadun trwy
ffydd ar ei elynion*, i eithafion ar y pwnc hwn (fel ar bob
pwnc arall, o ran hynny), wrth begynu ei byd daearol a'i
disgwyliadau ysbrydol. 'Wel dyma ragorfraint i bryfyn y
domen', meddai, 'Priodi etifedd goruchel Caersalem'. Amlyga
ryw sioncrwydd awchus, ffwrdd-â-hi, yn ei chroeso
ymffrostgar i'w thrawsymffurfiad priodasol hithau:

> Fe'm ganwyd yn Sïon, mi hoffais y teulu,
> Ces 'nabod ei brenin, gogoniant am hyny,
> Dewisodd ei phrynwr tragwyddol fi'n briod,
> Pan ddelo i'm galw rwy'n barod i'm dattod.

Ymddatodiad yr hunan yng ngwres y 'briodas' gyfrin â
Duw: dyna yw thema amryw o benillion cryfaf yr emynwyr
benywaidd hyn. Ac er bod y fath ymddatod yn brofiad sy'n

rhan o dröedigaeth pob credadun yn gyffredinol, eto, ar un olwg, profiad 'benywaidd' ydyw, pa un ai benyw neu wryw fo'r cadwedig. Hynny yw, y mae'n brofiad sy'n adlewyrchu'r swyddogaeth fenywaidd, yn hytrach na'r un gwrywaidd, mewn priodas fydol. Crist yw'r priod a'r credadun yw'r briodasferch, beth bynnag yw ei ryw fiolegol. 'Myfi iw'r Oen, dydi iw'r wraig', meddai 'Duw ynghrist' Morgan Llwyd wrth ei 'anwylyd'. Nid rhyfedd fod yr emynwyr benywaidd yn defnyddio amryw o drosiadau sy'n adlewyrchu profiadau menywod mewn priodas fydol wrth geisio disgrifio eu disgwyliadau ysbrydol. Y mae Mary Owen, yn un o'i hemynau hithau, yn ymdrin â'r syniad fod enw y cadwedig yn newid, yn ogystal â'i wisg, wrth briodi Crist. Y mae ei enw yn ymddatod a mynd yn ddim, fel y mae enw bedydd y fenyw, ond nid y gwryw, yn draddodiadol yn newid gyda'i phriodas. 'Beth dal imi feddu enw?' gofynnai, 'Enw'n unig nid yw ddim':

> Beth dal enw'n afon marw?
> Derfydd hwnw yn y man;
> Os caf 'nabod Crist yn Briod,
> Gorfoleddaf yn fy rhan.

Erbyn iddi gyfansoddi'r geiriau hyn, yr oedd Mary Owen ei hun wedi newid ei henw ddwywaith yn yr ystyr fydol, ond profedigaethau, yn hytrach na gorfoledd, a ddaeth i'w rhan y tu mewn i'r gyfundrefn briodasol seciwlar. Fel yn achos Jane Hughes, ganwyd hithau 'yn Sïon'; yr oedd yn ferch i David a Mary Rees, Annibynwyr brwdfrydig, a lwyddodd ym 1809 i sicrhau trwydded yn caniatáu iddynt gynnal cyfarfodydd crefyddol yn eu cartref, sef 'Y Graig', Llansawel. Merch ifanc bedair ar ddeg oed, yn meddu ar gof da, oedd Mary Owen y pryd hwnnw. Er mwyn creu deunydd ar gyfer yr oedfaon a gynhelid yn ei chartref, dechreuodd ysgrifennu o'i chof nifer o emynau a'u casglu mewn llyfryn bychan. Yn ôl Elfed, awdur y gyntaf o'r tair ysgrif gofiannol sydd erbyn hyn wedi ymddangos ar waith a bywyd Mary Owen, wrth gasglu

23 Yr unig lun sy'n bodoli o
Mary Owen
(LlGC Llsgr. 4477D).

penillion emynwyr eraill 'yr aeth, megis yn ddiarwybod, i gyfansoddi ambell emyn ei hunan'. Fodd bynnag, erbyn i'w chyfrol *Hymnau ar amryw destunau* ymddangos ym 1839, nid cartref 'ar graig' oedd cartref bydol Mary Owen bellach: yr oedd wedi colli un gŵr i'r môr ac un arall i'r ddiod feddwol. Boddwyd ei phriod cyntaf, Capten Thomas Davies, pan suddodd ei long ar daith i Gernyw; wedi cwta bum mlynedd o fywyd priodasol, gadawyd hi yn weddw a chanddi ddwy ferch fach. Ym 1836 priododd yr eilwaith â'r Parchedig Robert Owen, gweinidog Eglwys Annibynnol Seion, Cwmafan; ond, yng ngeiriau J. Seymour Rees, un arall o'i chofianwyr, yn fuan 'gorthrechwyd ef gan ei bechod parod', sef y ddiod. Bu'n rhaid iddo roi heibio ei alwedigaeth, a bu'n byw dan waradwydd, fel crwydryn ymhell o'i gartref, tan ei ddyddiau olaf: 'yr oedd wedi mynd yn wrthodedig ym mhob man', yn ôl awduron *Hanes Eglwysi Annibynol Cymru*. O gofio ei brwydr galed i sicrhau parchusrwydd a chynhaliaeth iddi'i hun a'i merched yn wyneb yr ergydion hyn, nid rhyfedd nad oedd enw bydol yn golygu rhyw lawer i Mary Owen.

Ond câi hithau ei hymgeledd: fel y gwnaeth Ann Griffiths, cafodd afael ar gysgodfan 'heb wres na haul yn taro':

> Caw'd modd i faddeu 'meiau;
> A lle i guddio 'mhen,
> Yn nglwyfau dyfnion Iesu,
> Fu'n hongian ar y pren . . .

Dyma linellau cyntaf un o'r ychydig emynau gan Mary Owen sydd i'w gael o hyd mewn print yn y casgliadau enwadol: ceir yr emyn yn *Llyfr Moliant Newydd* y Bedyddwyr, *Emynau Eglwysig*, a'r *Caniedydd*. Ond ni chenir y pennill yn awr yn union fel y'i cyhoeddwyd. Trawsnewidiwyd y fersiwn gwreiddiol yn y casgliadau diweddar, a'i wneud yn llai personol: 'Caed modd i faddau beiau,/ A lle i guddio pen' yw llinellau cyntaf yr emyn erbyn heddiw, ac y mae'r newid yn glastwreiddio taerineb y llinellau gwreiddiol wrth eu cyffredinoli. Fel y mae Branwen Jarvis wedi pwysleisio yn ei hysgrif ar Mary Owen, yr 'ymdeimlad personol dwys fod archollion Crist yn lloches i'r unigolyn' yw un o brif themâu yr emynyddes hon. Lloches ydyw rhag byd sy'n llawn peryglon na ellir eu hosgoi na'u rhag-weld:

> O am lechu yn y clwyfau
> A agorwyd ar y pren;
> Unig noddfa f'enaid ydyw
> 'Rhwn ogwyddodd yno'i ben:
> Mentraf arno,
> Yna doed hi fel y del.

Cyfleir yn llinell olaf y pennill hwn anwadalwch gobeithion bydol merched yr oes yn gyffredinol: goruchafiaeth oedd ffydd Mary Owen ar fyd o ansicrwydd, yn yr hwn yr oedd yn rhaid dibynnu yn oddefol ar gynhaliaeth dynion.

Wrth ddyfynnu'r pennill uchod yn ei herthygl, y mae Branwen Jarvis yn cymharu emyn Mary Owen â gwaith mwy cyfarwydd rhai o emynwyr gwrywaidd ei hoes ac yn cyfeirio at benillion cyffelyb gan William Williams, Pantycelyn, a Robert ap Gwilym Ddu. Ond gallai hefyd fod wedi cymharu'r pennill â gwaith nifer o gyfoedion a rhagflaenwyr benywaidd yr emynyddes. 'Y gwaed a redodd ar y groes' yw prif destun moliant y mwyafrif ohonynt. Ac nid yn unig y gwaed, ond yn benodol y clwyf, sef ôl y waywffon a holltodd gorff Crist ar y groes. Fel y canodd Ann Griffiths, y maent oll yn 'ffrwytho dan gawodydd dwyfol glwy'. 'Ymddiriedaf yn ei glwyfau', medd Mary Owen, mewn emyn sydd heddiw yn adnabyddus fel yr ail bennill i'w hemyn enwocaf 'Dyma gariad, pwy a'i traetha?' Y clwyf oedd noddfa arbennig Elizabeth Phylips hefyd; yn y penillion a ysgrifennodd ym 1836, ond nas cyhoeddwyd nes i Garneddog eu darganfod ymhlith llawysgrifau y bardd Alltud Eifion, sef Robert Isaac Jones, priod ei hwyres, y mae hithau'n tystio i rym iachawdwriaeth y clwyf:

'Rwy'n credu yn ddiogel
    Am frath y waew-ffon,
Y dŵr a'r gwaed a redodd
    O'r ffynnon sanctaidd hon,
Fod dwyfol rinwedd ynddo
    Yn berffaith i'm glanhau,
O flaen yr orsedd bura
    Caf ynddo 'nghyfiawnhau.

Gwyddom fod profi dihangfa trwy rinwedd gwaed y Groes yn rhan hollbwysig o'r dröedigaeth Gristionogol yn gyffredinol, ond ni cheir yng nghanu'r dynion gymaint o bwyslais ar glwyf Crist ag a geir gan y menywod. Rhestrir 87 o benillion ar y testun 'Rhinwedd achubol Ei waed' yn *Hymnau a Thônau y Methodistiaid Calfinaidd* (1897), a dynion yw awduron pob un ohonynt; ond dim ond mewn 13 o'r penillion hyn y cawn gyfeiriad penodol at glwyfau Crist, a chan un awdur yn unig, sef Williams Pantycelyn, y daw bron pob un o'r enghreifftiau hynny. Ond, yng ngeiriau Jane Roberts, canu 'yn dragwyddol/ Am haeddiant marwol glwy' a wna'r merched yn amlach na pheidio.

Paham, felly, y ceid diddordeb anghyffredin gan yr awduron benywaidd yn y clwyf? Tybed a ydoedd yn gysylltiedig â'r nodwedd fenywaidd a ystyrid yn gymaint rhan o 'warth y wraig', sef y misglwyf? Y mae'n sicr fod yr emynwyr cynnar, a oedd wedi eu trwytho yng ngeiriau'r Beibl, yn gyfarwydd â'r cyfeiriadau at y misglwyf a geid yn yr Hen Destament. Yno, disgrifir y misglwyf fel 'clefyd' sy'n peri bod y fenyw yn 'aflan': 'fel dyddiau gwahaniaeth ei misglwyf bydd hi aflan', meddir yn Lefiticus, ac yn Eseciel rhestrir 'nesáu at wraig fisglwyfus' fel pechod gwrywaidd nad yw'n llai gwrthun na 'halogi gwraig cymydog'. Pan fo Duw yr Hen Destament am ddisgrifio aflendid, y mae'n aml yn defnyddio delwedd y wraig fisglwyfus fel cymhariaeth. Dengys Israel, wrth droi ei chefn ar Dduw, lygredd 'fel aflendid gwraig misglwyfus' (Eseciel). Yn y Galarnad, Jeriwsalem, ar ôl ei chwymp moesol, 'sydd fel gwraig fisglwyfus'. Yn ystod dyddiau ei 'chlwyf' yr oedd y fenyw yn aflan ac yn annheilwng o ymgyfathrachu naill ai â'r duwdod neu â dyn. Ond trwy dderbyn clwyf o'i wirfodd ar y groes, talodd Crist yr iawn am y gosb a dderbyniodd Efa ym Mharadwys a'r gwarth a gysylltwyd â'r proses o genhedlu byth er hynny. Wedi iddi weld llif misol ei gwaed ei hun am y tro cyntaf, yr oedd yn rhaid i'r ferch dderbyn ei bod wedi ffarwelio â diniweidrwydd plentyndod; rhywbeth aflan i'w guddio ac i gywilyddio o'i herwydd fyddai ei chorff a'i benyweidd-dra mwyach, oherwydd staen y Pechod Gwreiddiol a ddatgelwyd yn ei gwaed. Ond yr oedd y 'Dwyfol waed' a lifodd yn agored i bawb ei weld ar Galfaria yn ei hachub rhag 'glyn wylofain'. A hithau'n gadwedig, yn ddiogel 'yng nghymdeithas y Dirgelwch/ Datguddiedig yn ei glwy', yr oedd gwarth yr oesau patriarchaidd yn syrthio oddi ar ei hysgwyddau. Cawsai fywyd newydd pur trwy Ei waed, ac y mae'n amlwg y byddai'r cysylltiad rhwng llifeiriant gwaed a bywyd newydd yn un cyfarwydd a thrawiadol i wragedd yn enwedig. Nid oes rhaid derbyn dogma'r Pechod Gwreiddiol i ymdeimlo â'r fath ollyngdod a roddai 'datguddiad y clwy' i ferched oes Ann Griffiths.

Wrth ymdrin â 'Dirgelwch' y clwyf yn y modd hwn, yr ydym yn nesáu at y gosodiad fod yr emynwyr benywaidd hyn oll yn gyfrannog o anian y cyfrinydd. Ac, yn wir, clywir tinc cyfriniol yn eglur yng ngwaith rhai ohonynt. Ceir gan Elizabeth Phylips, er enghraifft, un pennill sy'n cymharu â llinellau mwyaf trosgynnol Ann ei hun:

'Does yn y nef a'm gylch yn wyn,
Ond gwaed y Gŵr fu ar y bryn,
'R hwn redodd allan dan ei fron
O archoll dwfn y waew-ffon.

Gwaed Crist yw'r awyr o'i chwmpas; y mae'n gweld popeth drwyddo. Gellir cymharu'r llinellau hyn â chri dolefus Ffawstws yn anterth ei ddamnedigaeth yn nrama Marlowe: 'See, where Christ's blood streams in the firmament!/ One drop would save my soul.' Mor bell yr ydym erbyn hyn oddi wrth y ddelwedd o'r 'prydyddesau Cymreig' a geid gan Garneddog, a'u barddoniaeth wedi ei 'nawseiddio' gan 'ryw dynerwch hyfryd, swynol'. Bytheiaid yn udo am waed yw'r rhain. Ond y mae'r nodweddion sy'n peri ein bod yn ymbellhau oddi wrth y ddelfryd Fictoraidd Seisnig o'r fenyw ar yr un pryd yn dynodi eu bod yn cyfranogi o'r hunaniaeth arbennig a berthynai i Gymreictod eu hoes. Yn ei bennod ar waith Ann Griffiths yn y gyfrol *Llên Cymru a Chrefydd*, deil R. M. Jones nad oes unrhyw wrthdaro rhwng yr 'elfen gyfriniol' a'r 'elfen Galfinaidd' yng ngwaith Ann oherwydd bod yr hyn y gellir ei alw yn gyfriniol yn ei gwaith yn rhan o'r athrawiaeth a dderbyniasai gyda'i ffydd. Ei chred ym mharadocs yr ymgnawdoliad a'i gwnaeth yn Galfinydd ac yn gyfrinydd, ond yr oedd y 'chwyldro i'r holl berson' a brofasai o ganlyniad yn brofiad a oedd yn gyffredin i drwch helaeth o'i chyd-Gymry: 'dyma faterion a wyddai plant bach yn nechrau'r ganrif ddiwethaf', meddai R. M. Jones.

Nid oedd yr awch i ymgodymu â'r fath baradocsau a rhoi mynegiant iddynt yn perthyn i'r ddelwedd gonfensiynol o'r fenyw. O'r herwydd, priodolodd Saunders Lewis iddi feddylfryd 'gwrywaidd' yn ei ymdriniaeth ef o waith Ann

Griffiths yn *Meistri'r Canrifoedd*. Ond nid Ann oedd yr unig ferch i fynd i'r afael â chymhlethdodau o'r fath yn nechrau'r bedwaredd ganrif ar bymtheg. Tybiai Elizabeth Phylips hithau fod ei hachubiaeth yn rhyfeddod a oedd y tu hwnt i unrhyw amgyffred rhesymegol: 'Ni chlywyd ac ni welwyd chwaith,/ Ni ddaeth i galon dyn,/ Y pethau a ddanfonodd Duw/ I'w anwyl blant ei hun.' Ac y mae'r ymgnawdoliad iddi hi hefyd yn baradocs trosgynnol:

> O gwelwch ddirgelwch duwioldeb,
>   Y Duwdod mewn undeb a chnawd,
> A'i eni o forwyn yn freiniol,
>   Tywysog tragwyddol yn wawd;
> Creawdwr y byd heb un llety,
>   Cynhaliwr y teulu heb dŷ,—
> Tad tragwyddoldeb ei hunan
>   Yn blentyn amserol mewn bru.

Nid rhyfedd fod y ddelwedd o'r tragwyddol yn gorwedd yn y 'bru', neu'r groth, yn bwysig i'r emynyddesau; yr oedd yn eu hachub rhag y dogma mai bythol aflan oedd organau atgenhedlu'r ferch. Ond yn ôl y tybiaethau ystrydebol—a thyb Saunders Lewis hefyd, o ran hynny—ni ellir derbyn bod i'r fenyw y fath syniadau dyrys. Rhaid oedd ystyried Ann yn 'wrywaidd' ei hanian, yn eithriad ymhlith ei rhyw. Eithr dengys y ffaith fod eraill o'i chyfoeswyr benywaidd yn ymaflyd â'r un paradocsau nad eithriad mohoni, heblaw yn ardderchowgrwydd ei dawn farddonol, ond yn hytrach Cymraes nodweddiadol o'i hoes. Nid yw'n 'fenywaidd', yn ôl y patrwm a ddaeth i fri gyda'r Sais dosbarth-canol, ond y mae'n Gymraes—a hanner—fel eraill ymhlith ei chwiorydd. Diffyg gwybodaeth sydd y tu ôl i'r syniad y gellir cymryd diffiniad o'r benywaidd sy'n perthyn i un diwylliant a disgwyl i ferched cig a gwaed diwylliant arall ffitio'n dwt i'r un patrwm. Y mae cymaint o wahaniaeth rhwng Cymraes a Saesnes ag sydd rhwng Cymro a Sais: dim ond oherwydd nad yw nodweddion penodol a hanesyddol y Gymraes eto'n ddigon hysbys y tueddwn i'w thaflu i'r un fasged â'r 'fenyw' ffug-ryngwladol.

Fodd bynnag, nid yn gymaint yn ei hymwneud â pharadocsau ei ffydd y mae Ann yn amlygu fwyaf ei phellter oddi wrth y ddelwedd ystrydebol o'r rhyw fenywaidd, ond yn hytrach yn ei hagwedd tuag at berson Crist. Wrth godi'r pwnc hwn, troediwn ar lwybr peryglus y mae'r Athro R. M. Jones wedi rhybuddio ei gyd-feirniaid rhagddo: 'Llygatynnir rhai gan yr elfen erotig yng ngwaith Ann, fel llygoden ar ôl tamaid o gaws', meddai'n ddirmygus. Eto, y mae'n anodd peidio â syrthio am yr abwyd wrth ystyried gwaith cyd-awduresau Ann, gan fod cymaint ohonynt hwythau hefyd yn defnyddio delweddau o *Ganiad Solomon* i gyfleu eu hymwybyddiaeth o berson Crist. Y mae eu darlun ohono yn llawn synwyrusrwydd o ganlyniad:

> Iesu siriol Rhosyn Saron,
> > Gwin a gwridog hardd ei liw,
> Tecach yw na meibion dynion,
> > Lili y dyffrynoedd yw;
> Pren afalau hardd ei flodau,
> > Gwych aroglau ym mhob man,
> Gwir winwydden nefol ffrwythlon,
> > Byth i loni f'enaid gwan.

Yn y pennill hwn o waith Mary Owen, y mae'r llygaid, y ffroenau, a'r archwaeth i gyd yn cael eu digoni gan 'Rosyn Saron'. Gan ein bod mor gyfarwydd ag emynau Ann Griffiths, y mae'r math hwn o ganu yn ymddangos fel llên-ladrad o'i gwaith hi, ac yn wir y mae amryw o'r priodddulliau a ddefnyddir yn y testun hwn yn enwedig, yn adleisio rhai o eiddo Ann. 'Pa'm, gan hyny, byddaf foddlon/ Ar deganau gwael y llawr?' gofynna Mary Owen, gan ailadrodd cwestiwn Ann, 'Beth sydd imi fwy a wnelwyf/ Ag eilunod gwael y llawr?' 'Gwyn a gwridog, teg ei wedd' yw'r Crist i Jane Hughes, Pontrobert, hefyd, mewn cyfrol sy'n dwyn y teitl soniarus *Telyn y Cristion yn anialwch y byd, yn canu ar daith ei bererindod o'r Aipht i'r Ganaan ysprydol.* Y mae hithau'n erfyn, 'Cofia, Arglwydd, dy ddyweddi,/ Cyn ei digaloni'n lân', ac 'adfywia fy ngrasusau/ A chusanau hoff dy fin'. Cymharer llinellau Ann, 'Cofia, Arglwydd, dy ddiweddi,/ Llama ati fel yr hydd', a'i hawydd hithau am '[g]usanu'r mab i dragwyddoldeb/ Heb i'm gefnu arno mwy'.

Ai dylanwad uniongyrchol emynau Ann sydd y tu ôl i'r cyffelybiaethau hyn neu ynteu boblogrwydd cyffredinol *Caniad Solomon* fel mynegiad trosiadol o serch y Cristion cadwedig tuag at yr Oen? Y ddau, o bosibl, a'r hyn sy'n ddiddorol yw'r modd y mae'r priod-ddulliau hyn yn dylunio'r ymserchu ym mherson Crist fel profiad sy'n nes at y syniad ystrydebol o ymddygiad y gwryw mewn cariad yn hytrach na'r fenyw. Yn yr emyn, 'Wele'n sefyll rhwng y myrtwydd', y mae Ann yn disgrifio 'Rhosyn Saron' fel pe bai'n wrthrych benywaidd i'w dyheadau hi. Ef sy'n sefyll yn wyn a gwridog rhwng y myrtwydd, yn oddefol lonydd o dan ei sylliadau hi; hithau sy'n ei gwrso ef, yn afiaith ei chariad tanllyd. Crist yn diferu o laeth a mêl a gawn yng nghanu rhai o'i chyd-awduresau hefyd. Fel ym mhennill Mary Owen a ddyfynnwyd eisoes, y mae'n falm i'w holl synhwyrau newynog. Y mae'n fenywaidd tu hwnt yn rhai o benillion Jane Hughes, er enghraifft, yn fam faethlon i'r credadun yn ogystal ag yn 'Briod':

> Un rhyfedd yw'r credadyn mewn anial ar ei daith,
>   O fronau'r iachawdwriaeth mae'n sugno gwin a llaeth,
> Ac felly mae'n cynyddu ar ddelw ei Briod glân . . .

Mor bersonol a chnawdol yw disgrifiad Jane Hughes o'i pherthynas â'r Crist benywaidd nes bod ei phenillion ar adegau yn darllen fel canu serch lesbaidd:

> I hyn mae bronau'r ddaear mor hesbion imi'n wir,
> Im' gyru yma i sugno o'r bronau dwyfol pur . . .
> A chanu a gorfoleddu er gwaethaf gwg y byd.

Ond yn y cyswllt hwn, buddiol yw cofio'r disgrifiad gan Llawddog, a ddyfynnwyd yn nechrau'r ysgrif hon, o erwinder bywyd materol y Gymraes yn gyffredinol yn hanner cyntaf y bedwaredd ganrif ar bymtheg. 'Gweithir y merched yma yn galetach nâ'r bechgyn', meddai Llawddog: 'hesbion' oedd 'bronau'r ddaear' iddynt hwy yn amlach na pheidio. Fel gwrthgyferbyniad i'r oriau didrugaredd o waith yn y meysydd a'r tŷ, nid rhyfedd eu bod yn hiraethu am brofiadau llesmeiriol o synhwyrus yn eu bywyd ysbrydol.

Amlygir gerwinder a phryderon materol Cymraes yr oes mewn modd arall, tra gwahanol, yng nghanu'r emynyddesau cynnar hefyd, sef yn eu haml gyfeiriadau at swyddogaeth Crist fel talwr 'biliau'r nef'. Yn y diwylliant Cymreig, fel y dengys stori Kate Roberts 'Y Taliad Olaf', ar wraig y tŷ y syrthiai'r baich o dalu biliau'r masnachwyr. Ei chyfrifoldeb hi oedd dosbarthu enillion ei gŵr mewn modd a fyddai'n diwallu anghenion y teulu, a digon prin oedd yr enillion hynny yn rhy aml. Ceir ôl yr ymdrech i dalu dyledion bydol yn amlwg yn ei moliant o Grist fel un a dalodd yr iawn am ddyledion ysbrydol y pechadur dynol. Yn un o benillion Jane Roberts, er enghraifft, hawdd gweld yn ei llinellau adlewyrchiad o'r modd y poenir hithau gan ddyledion bydol:

Roedd cyfraith y Jehofah
A'i biliau'n dod o hyd,
I ofyn teulu Adda,
'Rol eu habertha'i gyd;
Ond Iesu â'i aberth gwirfodd,
A lawn foddlonodd hon,
Mi ganaf wedi marw
Am ôl y waywffon.

A dyma enghraifft arall, y tro hwn o waith Mary Owen:

Fe groesodd filiau Sïon
A'i waed ar un prydnawn,

....

Fe groesodd lyfrau'r Nef i gyd
Wrth roddi taliad llawn.

Wrth gwrs, cawn enghreifftiau yng ngwaith yr emynwyr gwrywaidd o ganu ar yr un testun: 'Swm ein dyled fawr fe'i

HYMN 6.

WRTH im' deithio trwy 'r anialwch,
    'Rwy'n cael clwyf yn fynych iawn,
Gan y sarph o bechod aflan,
    Nad oes ond gwenwyn ynddo 'n llawn;
O rho i mi ffydd i godi 'ngolwg,
    At un ga'dd ei dderchafu fry,
Fe wnaeth hyn lesbad i filoedd,
    O rai aflan fel myfi.

Y mae arnaf fyrdd o ofnau,
    'Ofnau mawrion o bob rhyw,
A thyna 'r man lle maent yn tarddu,
    Oddiar droseddu cyfraith Duw;
Mae hi 'n gweiddi yn fy wyneb,
    Minnau heb ddim i dalu iawn,
Ond yr Iesu ar Galfaria,
    'Roddodd iddi daliad llawn.

I dalu dyled pechaduriaid,
    Arfaethwyd ef cyn seilio 'r byd;
Mae ynddo nerth i ddofi gyfraith,
    Tu ag atta'i 'n llwyr er maint ei llid:
Fe ddioddefodd ar Galfaria,
    Nes ca'dd y ddeddf ei thaliad llawn,

24 Rhai penillion allan o lyfr Jane Edward, *Ychydig Hymnau a gyfansoddwyd ar amrywiol achosion* (1816).

talodd,/ Ac fe groesodd filiau'r ne', meddai Williams
Pantycelyn yn 'Wele cawsom y Meseia'. Ond tybed a ydyw'r
ddelwedd hon yn ymddangos mor aml yn eu canu hwy ag y
mae ym mhenillion y merched? Ceir yn y pennill o waith
'Begi Llwyd' ym *Mlodeugerdd Barddas o'r Bedwaredd Ganrif
ar Bymtheg*, er enghraifft, yr un thema:

> Daw priodasferch Gwraig yr Oen,
> Yn iach adra,
> Ar ôl bod yma'n fawr ei phoen,
> Ar ei siwrna;
> Talu wnaed ei dyled hi
> Gan y Meichia',
> Marw wnaeth ar Galfari
> Wrth groesi bilia.

Cawn yr un cyfeiriad at yr Iesu fel croeswr biliau mewn
emyn gan Begi Llwyd arall—ond tybed nad yr un Pegi ydyw?
Mewn erthygl a ymddangosodd yn *Y Traethodydd* ym 1904,
traetha Thomas Levi am yr emynyddes Margaret Thomas, o
Dalybont Uchaf, ger Castell y Penrhyn. Ganwyd hon ym
1779, yn ferch i William Llwyd, y Faenol, ac fel 'Pegi Llwyd'
yr adwaenid hi pan oedd yn ifanc. Yn ôl Thomas Levi, yr
oedd yn negadau cyntaf y bedwaredd ganrif ar bymtheg 'air
uchel iawn iddi am ei dawn i brydyddu'. Dolwyddelan oedd
cartref y 'Begi Llwyd' a geir yng nghyfrol *Barddas*; gwyddom
i Margaret Thomas fynychu sasiwn Llanrwst, a chan nad yw
ei thrigfan yn nyddiau ei phriodas gyntaf—sef yr adeg y bu'n
prydyddu fwyaf—yn hysbys, nid yw'n amhosibl nad
ymsefydlodd hithau am ychydig yn ardal Dolwyddelan. Fel
Ann Griffiths ac Elizabeth Phylips, ni chyhoeddodd Margaret
Thomas mo'i gwaith erioed, ond ysgrifennodd ei hemynau ar
dudalennau gwyn ei Beibl, ei chopi o Eiriadur Charles a'i
Llyfr Gweddi. Cyfaddefodd Thomas Levi iddo dwtio 'ambell
gamsillebiaeth' wrth gynnwys detholiad o'i gwaith yn ei
erthygl, ac y mae rhai o'i hodlau yn dangos yn eglur mai yn
nhafodiaith Gwynedd y cyfansoddodd ei Begi Llwyd ef yn
wreiddiol, fel y gwnâi Begi Llwyd *Barddas* hithau: ystyrier, er

enghraifft, y cwpled 'Gan i'r Iesu groesi'r biliau,/ Canwn iddo, Haleliwia'. Credai Thomas Levi mai Margaret Thomas oedd awdur yr emyn cyfarwydd 'Dyma Feibl annwyl Iesu' a geir yn ei llawysgrif, ond cymhlethir y dystiolaeth gan y ffaith ei bod hefyd ar adegau yn cynnwys hoff emynau gan feirdd eraill ymhlith ei phenillion ei hun. Fodd bynnag, yn y penillion sydd yn sicr yn eiddo iddi, cawn gip ar gymeriad grymus a thrawiadol. Yn ôl Thomas Levi, 'yr oedd Pegi Llwyd . . . yn feistrolgar yn ei ffordd': 'dywedir yr anfonid rhai pregethwyr nad oeddynt wedi cael addysg na disgyblaeth gymdeithasol, ati i ddysgu iddynt arferion gweddus, ac ymddygiad da.' Y mae'r ailadrodd yn y pennill nesaf o'i heiddo yn tanlinellu cadernid ei phersonoliaeth a ddeuai trwy sicrwydd ei ffydd:

> Trefn gyfiawn y Cyfamod
>   Dyna 'ngrym, dyna 'ngrym;
> Mae yn sicr a diymod,
>   Dyna 'ngrym;
> Mae'n maddeu'r holl anwiredd,
>   Iachau a chodi'r llesgedd,
>   Ac arwain o'i drugaredd,
> Dyna 'ngrym, dyna 'ngrym;
>   A chynnal hyd y diwedd,
> Dyna 'ngrym.

Ond nid hi yn unig a oedd yn 'feistrolgar yn ei ffordd'. Ceryddu eu darllenwyr a'u disgyblu oedd nod amryw o'r beirdd benywaidd a gyhoeddodd bamffledi ar ddechrau'r bedwaredd ganrif ar bymtheg. Bwriad Elizabeth Davies, Cellan, er enghraifft, yn ei chân 'Cymhorth i hunan-adnabyddiaeth' a gyhoeddwyd ym 1813, oedd 'rhoi i bawb reolau clir' ynghylch sut i adnabod eu hymddygiad cyfeiliornus a newid eu ffyrdd er gwell. Rhybuddia Alice Edwards, yn ei *Ychydig bennillion er annogaeth i Sïon i ymddiried yn ei Duw mewn blinfyd a chaledi* (1820?), ei darllenwyr rhag erfyn ar Dduw i liniaru eu llwybrau bydol; eisiau mwy o gerydd sydd ar y byd, meddai hi, nid llai:

> Paid a gofyn, p'am mae'r wialen
> Wedi ei hestyn ar y byd?
> Dywed wrtho'n ostyngedig,
> Pa fodd y bu hi'n cadw c'yd?

Ond y brif feistres ar geryddu oedd Jane Hughes. Yn ei 'Chân ar Niwed Pechodau'r Oes', ychydig o nodweddion ei chyfoeswyr sy'n dianc rhag ei fflangell. Yr oedd Pabyddiaeth, wrth gwrs, yn hen elyn iddi, ond tybiai fod drychiolaethau gwaeth yn peryglu bywydau moesol ei chyd-Gymry erbyn canol oes Victoria:

> Diflana hen Babyddiaeth o flaen Efengyl hedd,
> Rhaid claddu'r Eisteddfodau a hithau yn 'r un bedd,
>
> ....
>
> 'Dyw'r   Eisteddfodau   a'r   Concerts,   a'u   gwag
> chwerthiniad ffôl,
> Ond dyfais aflan uffern i ddal eneidiau'n nôl.

A gwaeth peth iddi na hyd yn oed yr Eisteddfod oedd y ddyfais ymddangosiadol ddiniwed a defnyddiol honno, y tonic sol-ffa, fel y dengys Meredydd Evans yn ei erthygl ddifyr ar Jane Hughes fel erlidydd llym y 'canu so doh'. Cymaint oedd rhwystredigaeth Jane Hughes yn wyneb ffaeleddau ei hoes nes iddi hyd yn oed feiddio dwrdio Crist ei Hun am beidio â rhoi o'i orau yn y frwydr fawr:

> Pam y byddi fel yn synnu,
>   Neu ŵr cryf, heb achub dim?
> Cymer D'allu anorchfygol,
>   Noetha eto'th gleddyf llym!
>
> Hen agorwr beddau llygredd!
>   Codwr meirw! tyrd ymlaen;
>
> ....
>
> Rhwyga'r dŵr, a llysg y rhwystrau,
>   Fel y fflamiau'n mynd ymlaen!

Grymus, yn wir, oedd cymeriadau llawer o'r emynyddesau
cynnar: 'Gwna fi'n ddychryn yn dy law/ I uffern, llygredd,
annuwioldeb,/ Wrth edrych arnaf i gael braw', gweddïai Ann
Griffiths, ac y mae'n hawdd dychmygu llawer o'i chyd-
awduresau yn eilio ei geiriau. Ymddengys ein bod ymhellach
i ffwrdd nag erioed o'r 'tynerwch hyfryd, swynol' hwnnw a
oedd i fod i 'nawseiddio' canu'r 'prydyddesau'. Eto, ceir tinc
swynol anghyffredin i lais o leiaf un awdur arall ymhlith yr
awduresau cynnar, eithr nid 'prydyddes' oedd hon, ond
llythyrwraig. Gan ein bod yn trysori'r ychydig lythyrau a
anfonwyd o Ddolwar Fach, efallai nad anaddas fyddai cloi'r
ysgrif hon drwy gyfeirio at chwaer-ohebydd i Ann. Ym 1816
priodwyd Ann Jones o Lanidloes â'r Parchedig Evan Evans, ac
aeth y ddau i genhadu ymhlith llwyth yr Hotentotiaid yn Ne
Affrig. Oddi yno, anfonodd Ann lythyr maith at ei theulu, ar
ffurf dyddiadur o'i thaith, a chyhoeddwyd y llythyr ym 1818.
Y mae arddull yr Ann arall hon yn fenywaidd dros ben: math
ar 'écriture féminine' yw ei llythyr, llifeiriant o eiriau heb
lawer o atalnodi, ond y mae'n trosglwyddo ei phrofiadau a'i
theimladau cryfion i'r darllenydd yn effeithiol dros ben. Er
mwyn cyfleu llithrigrwydd a rhythmau ei harddull, rhaid
dyfynnu o'r llythyr yn dra helaeth, ond dyma ddarn o'i
disgrifiad o'i chyfarfod gweddi cyntaf gyda'r Hotentotiaid, ar
ôl cyrraedd yr High Kraal:

Aeth un o'r gwragedd i weddi wedi hynny, ac yr oedd yn
ddigon i doddi y galon galettaf, yr wyf yn meddwl, i
glywed mor wresog a zelog yr oedd yn diolch i'r
Arglwydd am roddi y'nghalon ei bobl yn y wlad bell i
anfon ei weision attynt hwy, Hottentotiaid tlodion, y
genedl fwyaf diystyrllyd dan yr holl nefoedd, i'w
haddysgu yn ffordd bywyd tragwyddol; ac, O!, fel yr
oedd yn gosod allan ei syndod fod yn bossibl cael neb ar
wyneb yr holl ddaear yn meddiannu cymmaint o gariad
at y fath greaduriaid duon, tlodion, a thruenus, ag
oeddent hwy, ag i adael eu gwlad, eu hiaith, eu tadau a'u
mamau, eu brodyr a'u chwiorydd, a phob peth ag oedd

yn anwyl i natur, i ddyfod i fyw i anial-diroedd Affrica,
i'r diben i fod yn foddion yn llaw yr Arglwydd i achub
pechaduriaid rhag y dinystr tragwyddol; ac, O! fel yr
oedd yn rhyfeddu i ni anturio croesi y môr mawr
tymhestlog, a chroesi mynyddoedd uchel, a myned trwy
afonydd dyfnion, i ddyfod i fyw yn eu plith hwy,
Hottentotiaid tlodion, y rhai nid oedd ganddynt ddim
i'w rhoddi i ni ar ol ein holl beryglon a'n llafur. Yr oedd
fy nghalon yn barod i ymdorri wrth ei chlywed, fel
braidd y gallwn ymattal rhag uno â hwynt i wylo a
llefain allan.

Y mae'n amlwg fod Ann Evans wedi syrthio dros ei phen
a'i chlustiau mewn cariad â'r Hotentotiaid, ond eto ceir
eironi trist i'w stori, o'i hystyried yng nghyd-destun yr hyn a
wyddom am hanes y llwyth yr aeth allan i'w wasanaethu.
Dinistriwyd hil y Khoikhoi, sef yr Hotentotiaid, bron yn
llwyr gan ymyrraeth y dyn gwyn; er bod y bobloedd hyn wedi
ymledu ar draws holl daleithiau Penrhyn De Affrig yn y
ddeunawfed ganrif, nid oes nemor ddim ohonynt yn weddill
heddiw. Lladdwyd hwy gan glefydau'r Gorllewin yn ogystal â
chleddyfau ei phobl, ac er cymaint eu sêl dros achub eneidiau
yr oedd i'r cenhadon eu rhan yn y difrod hwnnw. Yn ei
llythyr y mae Ann Evans yn cofnodi'r pleser a gawsai wrth
wrando ar ei gŵr yn pregethu 'yn yr iaith *Dutch*': meddai
wrth ei rhieni, 'nis gallaf adrodd wrthych y fath lawenydd
oedd yn fy nghalon wrth glywed fy anwyl briod yn gallu
dechreu dywedyd wrth y bobl druain dlodion hynny am
fawrion weithredoedd Duw, yn eu hiaith eu hunain.' Ond nid
yr Iseldireg oedd iaith y Khoikhoi, wrth gwrs, ond Nama:
iaith eu gormeswyr trefedigaethol oedd yr Iseldireg. Rhyfedd
bod y Gymraes hon yn medru ysgrifennu llythyr mewn un
iaith leiafrifol ac ar yr un pryd anwybyddu'n llwyr fodolaeth
mamiaith y brodorion duon. Serch hynny, wrth ei chlywed
yn disgrifio'r Hotentotiaid 'yn canu fel telynau', 'y'nghanol y
nos, yn y coedydd' a'i swyno cymaint fel ei bod 'yn barod i
ddychymmygu fy mod wedi cael fy symmud, fel Enoch,

oddiar y ddaear, i blith y dyrfa sydd yn gwneuthur dim ond canu a moliannu', ni ellir amau ymlyniad Ann Evans wrthynt.

Ni ellir amau ychwaith ei dawn i drin geiriau. Gwaetha'r modd, llithrodd ei llais byw hithau hefyd i ebargofiant, fel y gwnaeth lleisiau angylaidd y Khoikhoi yn canu yng nghoedwigoedd y nos. Yn ei ragair i'r gyfrol *Telyn Egryn*, disgrifiodd Gwilym Hiraethog y trafferth a gawsai ym 1850 i berswadio Elen Egryn i gyhoeddi ei gwaith: 'Peth pur anghyffredin yng Nghymru ydyw gweled benyw yn anturio i faes llenyddiaeth: ac nid hawdd iawn oedd darbwyllo ofn a gwylder *Elen* i gydsynio â'r cais i ymddangos yn gyhoeddus fel hyn o flaen ei chydgenedl.' Cymaint haws fyddai wedi bod arni pe gwyddai rywfaint am hanes y merched a oedd wedi anturio i'r un maes o'i blaen. Os ydym heddiw am greu traddodiad cryf o ysgrifennu hyderus gan fenywod yn y Gymraeg, y mae arnom eisiau cymaint o wybodaeth ag y medrwn ei gasglu am ein rhagflaenwyr, er budd llenorion y dyfodol yn gymaint â'n hamgyffred ni o'r gorffennol. A dyna reswm da arall dros atgyfodi lleisiau 'anadnabyddus neu weddol anadnabyddus' awduresau hanner cyntaf y bedwaredd ganrif ar bymtheg.

DARLLEN PELLACH

Jane Aaron, 'The way above the world: religion and gender in Welsh and Anglo-Welsh women's writing 1780-1830', *Revisioning Romanticism: British Women Writers 1776-1837*, goln. Carol Shiner Wilson a Joel Hafner (Philadelphia, 1994).

Carneddog, 'Emynyddes anghofiedig', *Cymru*, 30 (1906).

Elfed, 'Mrs. Mary Owen', *Y Geninen* (Ceninen Gŵyl Dewi: Argraffiad Arbennig, 1903).

Meredydd Evans, '"Ryw gythraul o'i go yn canu so doh"', *Merêd: Detholiad o Ysgrifau Dr. Meredydd Evans*, goln. Ann Ffrancon a Geraint H. Jenkins (Llandysul, 1994).

Branwen Jarvis, 'Mary Owen yr emynyddes', *Y Traethodydd*, 143 (1988).

R. M. Jones, *Llên Cymru a Chrefydd: Diben y Llenor* (Abertawe, 1977).

Thomas Levi, 'Margaret Thomas yr emynyddes', *Y Traethodydd*, 59 (1904).

Siân Megan, *Gwaith Ann Griffiths* (Llandybïe, 1982).

Dyfnallt Morgan, gol., *Y Ferch o Ddolwar Fach* (Caernarfon, 1977).

J. Seymour Rees, 'Mary Owen, yr Emynyddes', *Y Llenor*, 24 (1945).

ADDYSG UWCHRADD A'R GYMRAEG YN YR UGEINFED GANRIF

Cen Williams

Pan oedd ein hynafgwyr yn breuddwydio breuddwydion am a fu ond ein gwŷr ifanc heb weledigaeth am a fyddai; pan oedd ein hiaith heb barch, ein haddysg heb lewyrch, ein hanes heb le; dyna pryd y cododd Ifan ab Owen o Lanuwchllyn ei lef . . .

Islwyn Ffowc Elis

Ar ddechrau'r ugeinfed ganrif agorodd cyfnod newydd yn hanes y Gymraeg a'i pherthynas ag addysg. Er gwaethaf mesurau'r llywodraeth dros y canrifoedd, a allai fod wedi dileu'r iaith, ac er gwaethaf dylanwad cynyddol yr iaith Saesneg, sicrhawyd sylfaen gadarnach i'r gyfundrefn addysg gan agwedd ac ymdrech nifer bychan o wleidyddion ac addysgwyr fel Syr Hugh Owen, Dan Isaac Davies ac O.M. Edwards. Er 1902 awdurdodau addysg ac nid cyrff annibynnol neu enwadol a oedd yn gyfrifol am addysg yng Nghymru ac yr oedd yn orfodol i bob plentyn fynd i'r ysgol am chwe blynedd. Yn ôl tystiolaeth cyfrifiad 1901, yr oedd 49.9 y cant o'r boblogaeth yn siarad Cymraeg. Dyma'r amodau mwyaf ffafriol a gafwyd erioed ar gyfer ymestyn addysg cyfrwng Cymraeg, ond datblygiad araf a gafwyd, fel y dengys *Y Gymraeg mewn Addysg a Bywyd,* adroddiad a luniwyd ym 1927 gan bwyllgor a oedd yn cynnwys W. J. Gruffydd ymhlith ei aelodau.

Er bod mwyafrif y 29 awdurdod yn cydnabod gwerth cynnal yr iaith mewn addysg ac wedi mabwysiadu polisïau ar gyfer hynny, ychydig o ymdrech a gafwyd i'w gweithredu. Nododd un awdurdod:

> . . . the inclusion of Welsh in the curriculum of the Elementary School has always been the declared policy of the Authority, but it must be confessed that the Authority has not been particularly active in enforcing its policy.

Nod Pwyllgor Addysg Morgannwg ym 1906 oedd sicrhau bod y disgyblion mor ddwyieithog ag oedd yn bosibl erbyn diwedd eu cyfnod cynradd, ond gwyddom bellach pa mor fyr fu'r sir honno o gyrraedd y nod. Anghyson iawn fu'r cynnydd: yn sir Gaernarfon dysgid trwy gyfrwng y Gymraeg ym mhob adran fabanod ond dwy, ond ni ddysgid yr iaith na'i defnyddio o gwbl yn ne Penfro a Mynwy.

Yn nwylo'r llywodraethwyr a'r prifathrawon yr oedd

datblygiad y Gymraeg yn y sector uwchradd ac er bod
adroddiad 1927 yn datgan bod cynnydd yn niferoedd y
disgyblion uwchradd a safai arholiadau allanol yn yr iaith, ni
welwyd cynnydd o gwbl yn y defnydd o'r Gymraeg fel
cyfrwng. Beirniadwyd yr awdurdodau yn yr adroddiad am eu
diniweidrwydd a'u diffyg hyder wrth ymdrin â'r defnydd o'r
iaith a chynigiwyd cyfeiriad adeiladol ar gyfer y dyfodol. Yn y
casgliadau, nodwyd bod dyfodol yr iaith Gymraeg bellach yn
nwylo'r gyfundrefn addysg, a thrwy feirniadu'r modd yr oedd
yn cael ei chyflwyno mewn rhai ysgolion, cynigiwyd nifer o
ffyrdd o gryfhau ei sefyllfa, sef gohirio cyflwyno'r ail iaith
nes bod plentyn wedi meistroli digon ar yr iaith gyntaf i
ddeall yr hyn yr oedd yn ei ddarllen; sicrhau bod yr athrawon
yn siarad iaith safonol yn y Gymraeg a'r Saesneg yn hytrach
na chymysgu'r ddwy mewn dull anstrwythuredig wrth
gyflwyno gwersi; cadw hunaniaeth y genedl trwy ddysgu ei
hanes a'i llenyddiaeth ochr yn ochr â'i hiaith, gan fod y cyfan
yn rhan o dreftadaeth plentyn. Nodwyd yr angen i ddysgu'r
famiaith: 'The necessity of teaching the mother tongue in
the schools is the fundamental assumption on which all our
conclusions are based.'

Cynigiwyd polisi iaith ar gyfer ysgolion o wahanol
gefndiroedd ieithyddol. Yn yr ardaloedd 'Cymraeg yn bennaf'
lle'r oedd y Gymraeg yn brif gyfrwng o ddydd i ddydd,
nodwyd y dylid defnyddio'r iaith yn adran y babanod yn yr
un modd ag 'y defnyddir y Saesneg fel cyfrwng yn Llundain'.
Awgrymwyd y gellid cadw at y patrwm hwn am ddwy
flynedd wedi hynny hefyd, gyda'r Saesneg yn cael ei
chyflwyno fel ail iaith yn nwy flynedd olaf y cyfnod cynradd.
Rhoddwyd pwyslais ar gyflwyno ysgrifennu a darllen yn yr
ail iaith honno yn ogystal â llefaru. Yn yr ysgol uwchradd
pwysleisiwyd yn gadarn safle'r Gymraeg yn gyfrwng dysgu ac
awgrymwyd amrywiaeth o bynciau lle y byddai hynny'n
bosibl—Ysgrythur, Hanes, Astudiaethau Natur, Glendid,
Ymarfer Corff ac, o bosibl, Llenyddiaeth Saesneg.
Awgrymwyd y dylid trin Rhifyddeg a Daearyddiaeth yn
wahanol, gan gyflwyno'r iaith Saesneg yn raddol nes y

25 Yr Athro W. J. Gruffydd, un o gyfansoddwyr yr adroddiad, *Y Gymraeg mewn Addysg a Bywyd* (1927).

byddai'r dysgu yn gyfan gwbl drwy gyfrwng yr ail iaith, sef Saesneg, erbyn diwedd gyrfa ysgol plentyn: 'There seems to be no educational objection to having some of these lessons in English and some in Welsh.'

Gwelwn, felly, fod hedyn dysgu dwyieithog wedi cael ei blannu mor gynnar â 1927 a phe bai'r awdurdodau wedi mabwysiadu'r awgrymiadau hyn byddai hanes addysg Gymraeg a dwyieithog wedi bod yn wahanol iawn. Gallasai Cymru fod yn arwain y byd bellach mewn trefniadaeth a methodoleg dysgu yn y sefyllfaoedd ieithyddol hyn yn hytrach na llusgo'n araf y tu ôl i wledydd eraill. Y mae'r syniadau a gynigir ynglŷn â phwysleisio lle'r iaith gyntaf mewn dysgu cyn cyflwyno'r ail iaith, defnyddio'r ail iaith yn gyfrwng er mwyn ei chryfhau, a mabwysiadu polisi dwy-ieithog cytbwys, yn theorïau pendant ac argyhoeddiadol a gyflwynir bellach gan arbenigwyr fel Jim Cummins o Ganada ac eraill. Adroddiad goleuedig yw Y Gymraeg Mewn Addysg a Bywyd o safbwynt cynnal a chryfhau lle'r famiaith frodorol, ond nid oedd Cymru yn barod am y llewyrch ac yn y cysgodion y bu'r iaith Gymraeg mewn addysg am flynyddoedd helaeth wedi hynny.

Tynnodd yr adroddiad sylw hefyd at swyddogaeth y Gymraeg mewn ardaloedd cymysg eu hiaith a'r problemau penodol a oedd yn eu hwynebu. Diau mai dyma'r tro cyntaf y cafwyd cynnig i sefydlu ysgolion Cymraeg mewn ardaloedd Seisnigedig megis Caerdydd, syniad a ddatblygwyd yn helaeth wedi hynny. Awgrymiadau eraill oedd rhannu'r plant yn ffrydiau ieithyddol neu addasu'r gwaith ar gyfer unigolion, gan ddysgu ar lefel mwy personol; cafodd y ddau syniad hyn eu mabwysiadu yn llawer ehangach ym mhum a chwedegau'r ganrif.

Mewn ardaloedd di-Gymraeg pwysleisiwyd safle'r Gymraeg fel pwnc, ond ni chafwyd argymhelliad cadarn y dylai'r Gymraeg gael ei dysgu ym mhob ysgol ac ardal yng Nghymru. Er hynny, yr oedd yr argymhellion yn rhai pellgyrhaeddol iawn a phe baent wedi eu gweithredu byddent wedi arwain at gydnabod gwerth yr iaith frodorol a/neu'r famiaith i ddatblygiad addysgol plentyn a byddai'r gyfundrefn addysg wedi llwyddo i'w diogelu a'i chynnal.

Nid felly y bu, ond daeth cefnogaeth swyddogol iddi o sawl cyfeiriad. Amlygwyd cefnogaeth Adran Gymraeg y Weinyddiaeth Addysg a'r Swyddfa Gymreig (trwy ei Harolygwyr) i ddatblygiad addysg ddwyieithog a chryfhau lle'r Gymraeg yn yr ysgolion yn y pamffledi a gyhoeddwyd gan Adran Gymraeg y Weinyddiaeth Addysg a ymddangosodd rhwng 1945 a 1952, adroddiadau y Cyngor Canol ar Addysg yn yr un cyfnod, a'r gyfres Arolwg Addysg yn yr wythdegau a gyhoeddwyd gan y Swyddfa Gymreig ym 1981 a 1983. Yn yr adroddiadau hyn eto, pwysleisiwyd nifer o egwyddorion polisi a dysgu a allai fod wedi adfer y cyfle a gollwyd yn sgil adroddiad 1927, ac yr oedd rhai ohonynt yn ymestyn yr hyn a gafwyd yn yr adroddiad hwnnw.

Yn gyntaf, pwysleisiwyd y dylai addysg ieithyddol plentyn ddatblygu law yn llaw â'i wybodaeth am ddiwylliant y genedl y mae'n aelod ohoni. Oherwydd hynny, tybid bod lle i ddysgu drwy gyfrwng y Gymraeg yn y pynciau a oedd yn gysylltiedig â diwylliant Cymru, pynciau fel Hanes, Daearyddiaeth, Crefydd, Llenyddiaeth a Cherddoriaeth. Yr oedd hyn yr un mor berthnasol yn achos y Gymraeg fel ail iaith ag yr ydoedd yn achos yr iaith gyntaf:

> Wrth ddysgu'r Saesneg neu Gymraeg fel ail iaith yng Nghymru, dylid cydio'r iaith mor agos ag sydd yn bosibl wrth y diwylliant y mae hi'n fynegiant ohono.

Yn ail, dylid sefydlu a gweithredu polisi dwyieithog yn yr amrywiaeth sefyllfaoedd ieithyddol a oedd yn bodoli yng Nghymru fel y gallai pob plentyn ddatblygu'n ddwyieithog:

> Rhoi'r plentyn ar ben y ffordd i ddefnyddio'r ddwy iaith a ddylai fod y polisi cyffredinol mewn gwlad ddwyieithog . . .

Sylweddolwyd yn fuan na fyddai'r un polisi yn addas ar gyfer pob ardal a bod yn rhaid bodloni gwahanol garfanau o fewn yr un ysgol. Nodwyd mai maint gwybodaeth plentyn o'r Gymraeg a'r Saesneg, iaith y cartref, dymuniadau'r rhieni ac iaith yr ysgol gynradd y bu yn ei mynychu oedd y ffactorau i'w hystyried wrth osod plentyn mewn ffrwd ieithyddol yn yr ysgol uwchradd.

Cafwyd datblygiad yn y syniadau am ba bynciau y dylid eu dysgu drwy gyfrwng y Gymraeg, sef y pynciau hynny a gysylltir â diwylliant Cymru hyd at ddysgu Gwyddoniaeth a Rhifyddeg ym mlynyddoedd cyntaf yr uwchradd cyn troi i'w dysgu drwy gyfrwng y Saesneg yn raddol. Cydnabuwyd, er hynny, mai cydbwysedd rhwng y ddwy iaith fel cyfryngau dysgu oedd y nod, ond er mwyn cael y cydbwysedd hwnnw rhaid fyddai cryfhau sefyllfa'r Gymraeg a lledaenu'r defnydd ohoni ar draws yr ystod pynciau.

Yn drydydd, nodwyd mai anfuddiol fyddai defnyddio'r ail iaith yn gyfrwng yn rhy fuan, hynny yw, cyn i blentyn gychwyn meistroli'r iaith gyntaf i ddarllen ac ysgrifennu. Cyfeiriwyd y sylw hwn yn bennaf at y defnydd a wneid o'r Saesneg fel cyfrwng cyn i blentyn lawn feistroli'r Gymraeg. Pwysleisiwyd mai pennaf ddyletswydd yr ysgol 'ieuaf' oedd datblygu meistrolaeth plentyn o'i famiaith a chynnig hyfforddiant yn yr ail iaith.

Yn *Y Cwrs Addysg a'r Gymdeithas yng Nghymru*, a gyhoeddwyd gan Adran Gymraeg y Weinyddiaeth Addysg— adroddiad mwy athronyddol a oedd ar lawer ystyr ymhell o flaen ei oes—rhoddwyd pwyslais ar osod y plentyn o flaen unrhyw system ac ar ddysgu iaith trwy brofiad yn hytrach na thrwy unrhyw ddull arbennig:

> Erbyn hyn, nid ar bynciau a hyfforddiant athro y mae'r pwyslais pennaf, ond ar ddull y plentyn ei hun o ddysgu ac ar ei lawn dwf, yn gorff, meddwl ac ysbryd. Gwaith athro yw gofalu rhoddi pob cyfle posibl i'r plant gyfoethogi eu profiad ac ennill medr a gwybodaeth a dawn mynegiant trwy wahanol weithgareddau.

Y mae'r pwyslais a geir yn arolwg 1981 gan AEM Cymru ar ddysgu llai goddefol yn mynd i'r un cyfeiriad drwy roi mwy o gyfle i blentyn fod yn ganolog yn y proses dysgu iaith, ac i'w defnyddio fel y mae'r angen yn codi ac i bwrpas real.

Er bod y rhain yn safbwyntiau a chynigion gwerthfawr, ni chafwyd unrhyw gynnydd sylweddol yn y ddarpariaeth:

> Trwy'r pumdegau Saesneg oedd iaith dysg yr ysgolion uwchradd i raddau helaeth iawn, a dim ond 12 ysgol uwchradd yng Ngwynedd, y sir Gymreiciaf yn y wlad, a ddysgai trwy gyfrwng y Gymraeg cyn 1960.

Hyd yn oed yn wythdegau'r ganrif hon, pwnc yn unig oedd y Gymraeg yn hytrach na chyfrwng cyflwyno gwybodaeth. Rhaid gofyn paham y digwyddodd hyn er gwaethaf y gefnogaeth gref a gafwyd mewn adroddiadau swyddogol ar ddatblygiad y Gymraeg fel ail iaith ac fel cyfrwng o 1927 ymlaen, a'r ffaith fod amgylchiadau yn ymddangos mor ffafriol o 1902 ymlaen.

Un rheswm hanesyddol amlwg yw'r ffaith fod Cymru wedi chwarae ei rhan mewn dau Ryfel Byd. Oherwydd hyn tynnwyd nifer o athrawon a darpar athrawon o'r ysgolion a'r colegau ac isel iawn oedd addysg a dyfodol y Gymraeg ar restr blaenoriaethau'r wlad. Byw, goroesi a chael dau ben llinyn ynghyd oedd yn mynd â bryd y mwyafrif. Er bod tystiolaeth fod nifer helaeth o'r ifaciwîs a ddaethai i ddiogelwch cefn gwlad Cymru wedi dysgu'r Gymraeg mewn cyfnodau byr iawn, buont yn rhwystr ledled Cymru i'r awydd i ymestyn a gweithredu argymhellion adroddiad 1927. Darluniwyd y sefyllfa gan Owen Edwards ar raglen deledu a soniai am waith ei dad:

> Yn fuan iawn daeth y faciwîs i Aberystwyth. Llond trêns ohonyn nhw'n cyrredd ac wrth gwrs, ro'dd 'na broblem addysgu'r ifaciwîs yn ogystal â'r plant lleol. Y ffordd yr aed i'r afael â'r broblem honno oedd bod y plant lleol—y ni—yn mynd yn y bore a wedyn yr ifaciwîs yn cael eu haddysgu yn y prynhawn. Felly mi ddaeth yn fusnes o addysg hanner amser i ni.

26 Ifaciwis yn cyrraedd Canolbarth Cymru o Benbedw ym mis Medi 1939.

Dylifai pobl Saesneg eu hiaith i wahanol rannau o Gymru oherwydd sefydlu ffatrïoedd arfau a garsiynau milwrol ac afraid dweud bod dylifiad miloedd lawer o 'noddedigion Seisnig', yn blant ac oedolion, i'r ardaloedd Cymreiciaf wedi effeithio ar iaith yr ysgolion. At hynny, digwyddodd diboblogi sylweddol, gan alltudio pobl ifainc o'u cymdeithas a'u cartrefi, a lleihad sylweddol hefyd yn nifer y genedigaethau. Ni allai hyn oll ond effeithio'n negyddol ar ddatblygiad addysg Gymraeg a chyfrwng Cymraeg.

Rheswm sylfaenol arall dros y diffyg cynnydd oedd mai ystyr *dwyieithog* yng Nghymru ar y pryd oedd fod plentyn Cymraeg yn dod i fedru'r Saesneg hefyd. Nid oedd yn golygu mwy na 'chymodi hawliau iaith rymusach ag un llai grymus'. Yr oedd hawliau'r Saesneg yn gryfach gan mai hi oedd iaith gwleidyddiaeth ac economi. Yr oedd angen gwirioneddol am bwyslais gwahanol ar hawliau'r Gymraeg gan mai 'hi yw iaith frodorol Cymru: hyhi hyd yn hyn yw mamiaith tua dwy ran o bump o boblogaeth Cymru: y mae'n iaith a chanddi draddodiad a llenyddiaeth a flodeuodd am fil o flynyddoedd a mwy'. Yr anallu hwn i sylweddoli hawliau moesol y Gymraeg i oroesi a datblygu oedd un o'r rhesymau amlycaf am y diffyg cynnydd. Yn araf iawn y datblygodd y syniad y gallai plentyn uniaith Saesneg fod yn ddysgwr hefyd—yn ddysgwr y Gymraeg!

Ceir nifer o resymau eraill mwy ymarferol ac uniongyrchol eu natur i esbonio diffyg cynnydd y Gymraeg fel cyfrwng yn y sector uwchradd, rhesymau sy'n ymwneud â'r sefyllfa yn yr ystafelloedd dosbarth. Yn gyntaf, llesteiriwyd cynnydd gan ddiffyg geirfa dechnegol Gymraeg ar gyfer rhai pynciau. Achosai hyn drafferthion dybryd i'r athrawon cynnar yn yr ysgolion penodedig ddwyieithog, fel y nododd Mr Ted Hughes, athro Bywydeg yn Ysgol Maes Garmon, yn y blynyddoedd cynnar:

> Doedd 'na'm math o lyfr, doedd 'na'm geirfa i gychwyn ond am amball i air fedra rhywun ei dynnu o eiriaduron safonol ar y pryd. Doedd 'na'm geirfa wyddonol,—geirfa

natur efalla yndê, ond dim geirfa o derma gwyddonol . . .
a ro'dd rhaid i rywun eu g'neud nhw i fyny ei hun,
g'neud terma, eu dyfeisio nhw ei hun fwy ne lai.

Byddai ef yn troi am arweiniad at lyfrau meddygol a llyfrau i
amaethwyr a gyhoeddwyd yng nghanol y bedwaredd ganrif ar
bymtheg.

Yr oedd yn rhaid i'r iaith ymestyn a phrofi'n ddigon hyblyg
i fabwysiadu geiriau o feysydd newydd, gan addasu a bathu i
ateb y gofynion pynciol. Cynigiodd y Brifysgol arweiniad ym
1950 drwy ddechrau cyhoeddi'r gyfres *Termau Technegol* ac
yr oedd hon yn garreg filltir dra phwysig. Wedi hynny cafwyd
Y Geiriadur Termau a chyfres Adran Arholi Cyd-Bwyllgor
Addysg Cymru o lyfrynnau termau a gychwynnwyd gyda
Termau Cerddoriaeth. Anhawster yr oedd modd ei
orchfygu'n lled rwydd oedd hwn, ond nid mor hawdd oedd
cael athrawon i ddefnyddio'r termau newydd; gan eu bod
wedi derbyn eu haddysg eu hunain drwy gyfrwng y Saesneg,
peth chwithig ac anghyfarwydd oedd gorfod defnyddio
termau wedi eu Cymreigio.

Yn ail, yr oedd diffyg llyfrau Cymraeg i'w defnyddio yn yr
ystafell ddosbarth. Yr oedd hynny'n rhwystr enbyd gan fod
angen llyfrau addas, perthnasol ym mhob maes a ddysgid
trwy'r Gymraeg ac yr oedd hefyd angen cynllunio
cenedlaethol gofalus. Daeth Cynllun Gwerslyfrau Cyd-
Bwyllgor Addysg Cymru i gyflenwi peth o'r angen, ond yn y
saith a'r wythdegau y digwyddodd hynny'n bennaf. Llafur
cariad ac ymroddiad athrawon unigol yn cyfieithu ac yn
addasu eu defnydd eu hunain a oedd yn cynnal addysg
cyfrwng Cymraeg a gosod y sylfeini, a bu'n rhaid i gannoedd
o ddisgyblion fodloni ar y nodiadau hyn, yn aml mewn
llawysgrifen ddigon blêr. Gweithredu o'r llaw i'r genau fu'r
hanes, yn ôl Ted Hughes:

> Mi fydda rhywun yn dyblygu taflenni, nodiada wedi'u
> cyfansoddi'n hunain . . . gorfod eu g'neud nhw'n y
> Gymraeg; dyna odd yn ei g'neud hi'n galetach ac yn
> golygu mwy o amsar paratoi i'r athro.

Yn yr un cyfnod, yr oedd digonedd o lyfrau lliwgar, atyniadol ar gael ar gyfer disgyblion a oedd yn dilyn yr un pynciau drwy gyfrwng y Saesneg.

Rheswm ymarferol pellach dros y diffyg twf mewn dysgu pynciol drwy gyfrwng y Gymraeg oedd gofynion y gyfundrefn arholi. Yr oedd sefyllfa arholiadau cyfrwng Cymraeg wedi datblygu'n sylweddol rhwng 1949 a 1952 gan fod y trefniadau yn nwylo'r Cyd-Bwyllgor Addysg. Bu cynnydd diamheuol wedi hynny yn niferoedd y disgyblion a oedd yn sefyll arholiad yn y Gymraeg fel pwnc ac yn sefyll arholiadau eraill hefyd drwy gyfrwng yr iaith. Ym 1960 yr oedd 33 ymgeisydd yn sefyll arholiadau cyfrwng Cymraeg TAG mewn 4 pwnc; erbyn 1978 y niferoedd cyfatebol oedd 2,020 mewn 30 pwnc. Yn ogystal, yr oedd 1,614 disgybl yn sefyll arholiadau TAU mewn 31 pwnc yn yr un flwyddyn ac yr oedd 297 o ddisgyblion yn sefyll arholiadau safon uwch (A) mewn 16 o bynciau. Y siom oedd mai dim ond mewn 59 o ysgolion uwchradd y digwyddodd hynny ac nad oedd dysgu cyfrwng Cymraeg wedi treiddio yn yr un modd i ysgolion nad oeddynt yn swyddogol neu'n draddodiadol ddwyieithog.

Heddiw, y mae angen pwyslais gwahanol i ateb gofynion sefyllfa newydd lle y mae nifer o'r rhai sy'n cyrraedd yr ysgol uwchradd yn ddysgwyr o safon uchel, dysgwyr sy'n abl i ddilyn rhannau o'u pynciau drwy gyfrwng y Gymraeg. Gellid tybio, felly, mai papurau arholiad dwyieithog a fyddai'n ateb y gofyn orau ac mai dyma fydd cyfeiriad y dyfodol. Ond nid yw sefyllfa'r Cyd-Bwyllgor Addysg wedi symud o'r hyn a nodwyd yn Arolwg 1981, lle y mynegwyd mai gwrthod caniatáu papurau dwyieithog oedd eu polisi. Barn Cyngor Adran Gymraeg y Weinyddiaeth Addysg yn eu pamffled ym 1949, er hynny, oedd mai'r athrawon a'r ysgolion a ddylai benderfynu:

> rhaid iddynt beidio â derbyn yn wylaidd yr hyn y mae gofynion arholiad yn ei orchymyn: swydd pob cyfundrefn arholi yw gwasanaethu ei chymdeithas a'i hysgolion, yn hytrach na dirwasgu bywyd y ddau

gymaint nes eu gwanhau a llesteirio eu datblygiad
unigol grymus.

Os nad yw'r gyfundrefn arholi am gyfyngu ar ddatblygiad a
thwf dwyieithrwydd yn y dyfodol, bydd raid iddi addasu eto
i'r angen newydd hwn.

Rheswm arall dros arafwch y twf oedd diffyg athrawon
cymwys. O gymharu'r hyn a nodir yn Arolwg 1981 â
chynnwys pamffled 1952, gellir gweld mai ychydig iawn o
ddatblygiad a gafwyd dros ddeng mlynedd ar hugain. Noda'r
ddau gyhoeddiad fod prinder athrawon a oedd wedi eu
hyfforddi i ddysgu eu pynciau arbenigol drwy gyfrwng y
Gymraeg ac nad oedd y gallu i siarad yr iaith ynddo'i hun yn
ddigon. Edrychent ymlaen at gyfnod pan fyddai cyfran
helaeth o'r athrawon Cymraeg eu hiaith wedi derbyn eu
haddysg eu hunain drwy gyfrwng y Gymraeg.

Ym 1987 ariannodd Corff Ymgynghorol Cymru ar Gyfer
Addysg Uwch yr Awdurdodau Lleol gynllun darparu
deunyddiau ar gyfer cynnal cyrsiau i gymhwyso athrawon
Cymraeg eu hiaith i allu dysgu eu pynciau drwy gyfrwng y
Gymraeg. Sefydlwyd y prosiect yn y Coleg Normal Bangor a
lluniwyd cwrs ugain niwrnod a ddefnyddiwyd gan nifer o
golegau. Bu'r cynllun Atodiad Cymhelliant i fyfyrwyr ddilyn
eu cyrsiau hyfforddiant yn y Brifysgol drwy gyfrwng y
Gymraeg hefyd yn fodd i ddenu nifer helaeth o Gymry
cymwys i'r proffesiwn o 1987 ymlaen; noddwyd 56 o
fyfyrwyr yn y modd hwn ym mhrifysgolion Aberystwyth a
Bangor ym 1992-3, ac yr oedd o leiaf ddeg arall yn awyddus i
ddysgu drwy gyfrwng y Gymraeg. Erbyn 1993-4 yr oedd y
nifer wedi cynyddu i 81 ledled Cymru. Yr hyn sy'n
arwyddocaol yn achos y ddau gynllun hyn yw mai o du'r
Swyddfa Gymreig y daeth y nawdd a'r arweiniad yn hytrach
nag o du'r awdurdodau addysg lleol.

Beth, felly, oedd rhan yr awdurdodau addysg lleol? Ni
chafwyd argymhelliad y dylent fabwysiadu polisïau cryfach
ar gyfer lledaenu i faes cyfrwng Cymraeg yn y sector
uwchradd yn yr adroddiad *Y Gymraeg Mewn Addysg a*

Bywyd. Gellir derbyn hynny gan fod cymaint o waith ganddynt i'w gyflawni yn sefydlu polisïau a sianelu adnoddau i gryfhau sefyllfa'r iaith yn y sector cynradd. Argymhellwyd, serch hynny, y dylent sefydlu cyrsiau i'r athrawon na chawsent hyfforddiant mewn dysgu'r Gymraeg fel pwnc. Ugain mlynedd yn ddiweddarach nodwyd bod yr awdurdodau wedi cael cryn drafferth i weithredu eu polisïau ynglŷn â hyn ac na fu cynnydd cyffredinol o gwbl mewn ysgolion gramadeg yn y defnydd o'r iaith fel cyfrwng. Nododd Adroddiad 1949 na ddaeth y Gymraeg i fod yn gyfrwng neu'n 'iaith dreiddiol bob-dydd ysgol' yn unman.

Cryfhawyd ffydd selogion yr iaith pan sefydlwyd y Cyd-Bwyllgor Addysg ar ddiwedd y pedwardegau oherwydd bu hynny'n gymhelliad i Awdurdodau Addysg llai selog o blaid y Gymraeg i 'ddangos gwroldeb newydd yn eu polisi iaith'. Ond erbyn dechrau'r chwedegau, ar wahân i'r ysgolion dwyieithog penodedig, cymharol ychydig o ddefnydd a wneid o'r Gymraeg yn gyfrwng dysgu, ac eithrio yn yr ysgolion hynny a oedd â thraddodiad hir o'i defnyddio, yn y pynciau dyniaethol yn bennaf.

Ym 1978 awgrymodd y cyhoeddiad, *Dyfodol i'r Iaith Gymraeg*, y dylai'r llywodraeth gryfhau'r cymal yn Neddf Addysg 1944 a oedd yn rhoi hawl i awdurdodau sefydlu ysgolion a/neu unedau dwyieithog, ac i feddwl o'r newydd am archwilio'r goblygiadau er mwyn sicrhau bod gan rieni hawl i fynnu addysg drwy gyfrwng y Gymraeg i'w plant. Rhoddwyd pwyslais amlwg yn yr adroddiad ar addysg ddwyieithog yn hytrach nag addysg Gymraeg fel a gafwyd cyn hynny. Ychwanegwyd y dylai'r Ysgrifennydd Gwladol gael yr hawl i roi grantiau ychwanegol i'r awdurdodau i gyflawni'r dibenion hyn. Yr oedd y rhain yn awgrymiadau cadarn ac yn cydnabod na allai'r awdurdodau weithredu ar eu pennau eu hunain o dan y drefn a oedd yn bodoli a bod cefnogaeth ariannol o du'r llywodraeth yn angenrheidiol i sicrhau cynnydd. Cydnabyddiaeth amlwg oedd hyn fod dwyieithrwydd yn costio'n ddrud i'w gynnal.

Cyfeiria'r adroddiad at bolisi iaith drwy nodi na

ddefnyddid y Gymraeg 'yn ddigon helaeth yn gyfrwng', nac fel iaith gymdeithasol o fewn ysgolion, ac ategwyd hynny gan y ffeithiau a gyflwynwyd yn yr arolwg, *Gwaith Cyfrwng-Cymraeg yn yr Ysgolion Uwchradd* (1981). Nodwyd mai yn yr ysgolion dwyieithog swyddogol y ceid y cynnydd helaethaf o safbwynt ymestyn y ddarpariaeth cyfrwng Cymraeg i'r pynciau, gan gydnabod mai ychydig iawn o ysgolion uwchradd eraill a oedd wedi llwyddo i gynnig darpariaeth gyffelyb. 32 ysgol yn unig (allan o 59 ysgol a oedd yn cynnig unrhyw ddarpariaeth o gwbl trwy gyfrwng yr iaith) a oedd yn cynnig pump neu fwy o bynciau drwy gyfrwng y Gymraeg. Honnodd yr adroddiad mai'r 'arweiniad a roddir i ysgolion gan yr awdurdodau addysg lleol' oedd y ffactor sylfaenol bwysig, gan mai:

> hwy sy'n nodi amcanion addysgol cyffredinol pob sefydliad yn eu gofal; i raddau helaeth iawn, hwy sy'n cynnal pob darpariaeth ac y mae'r gallu ganddynt i dynnu sylw ysgolion at anghenion arbennig mewn unrhyw faes ac i hybu datblygiadau.

Ym 1981 polisi o gyfyngu dysgu cyfrwng Cymraeg i rai ysgolion dwyieithog penodedig neu ddwyieithog naturiol a oedd gan Glwyd, Powys a De Morgannwg. Polisi cyffelyb oedd gan Orllewin Morgannwg a Morgannwg Ganol er nad oeddynt wedi llunio polisïau newydd penodol ar ôl yr ad-drefnu a ddigwyddodd mewn llywodraeth leol ym 1974. Yr oedd Gwent yn fodlon talu i'w disgyblion deithio i Forgannwg Ganol i dderbyn darpariaeth cyfrwng Cymraeg yno, gan nad oedd ganddynt unrhyw ddarpariaeth eu hunain. Dyfed a Gwynedd yn unig a oedd ag unrhyw ddarpariaeth ar gyfer defnydd o'r Gymraeg yn gyfrwng yn ysgolion uwchradd y sir, ac nid oedd Dyfed ychwaith wedi llunio ei pholisi ei hun, ond, yn hytrach, yn dibynnu ar bolisïau'r hen siroedd. Pan sefydlwyd polisi, yr oedd yn amrywio o gael y Gymraeg yn bwnc gorfodol hyd y pumed dosbarth i ddewis personol ysgolion unigol. Yr oedd ei sefyllfa fel cyfrwng yn amrywio fwy fyth; ym 1981, dim ond saith o ysgolion uwchradd y sir a oedd yn cynnig pump neu fwy o bynciau yn y Gymraeg, ac yr oedd tair o'r ysgolion hynny yn rhai penodedig ddwyieithog.

Meddai Gwynedd ar bolisi cyfrwng Cymraeg pendant ar gyfer ei holl ysgolion uwchradd. Amrywiai gofynion y polisi yn ôl natur ieithyddol y dalgylchoedd: ym 1981 yr oedd 16 o ysgolion (un ohonynt yn benodedig ddwyieithog) yn cynnig pump neu fwy o bynciau trwy gyfrwng y Gymraeg a'r iaith yn cael ei defnyddio yn gyfrwng i raddau gwahanol gan y plant mamiaith a'r dysgwyr gorau fel ei gilydd yn ystod y tair blynedd cyntaf yn y sector uwchradd. Yr oedd yn llawer haws i Wynedd weithredu yn y fath fodd gan fod y Gymraeg yn gryfach yno nag yn siroedd eraill Cymru (yn ôl Cyfrifiad 1981, yr oedd 61 y cant ym Môn, 59.7 y cant yng Nghaernarfon, a 68.2 y cant ym Meirionnydd yn siarad Cymraeg).

Er bod y gefnogaeth swyddogol i'r Gymraeg fel cyfrwng wedi ei mynegi mewn sawl adroddiad yn ystod y ganrif, tuedd yr awdurdodau oedd canolbwyntio ar y sector cynradd yn unig, gan ildio i'r anawsterau yn y sector uwchradd. Nid oes amheuaeth nad yw diffyg arweiniad mwyafrif yr awdurdodau addysg lleol yn eu polisïau iaith ar gyfer y sector uwchradd yn ystod y ganrif hon wedi llesteirio cynnydd. Y mae hyn yn ei dro wedi dylanwadu ar agweddau di-hid athrawon a rhieni, a pholisïau llugoer llywodraethwyr y sector. Nid oeddynt yn gwrthwynebu defnydd o'r Gymraeg, ond nid oeddynt yn fodlon mentro i'w chefnogi ychwaith. Difaterwch fu gelyn pennaf y Gymraeg mewn addysg uwchradd—yr oedd 2,500 o athrawon a oedd yn Gymry Cymraeg yn dysgu drwy gyfrwng y Saesneg yn ysgolion uwchradd y wlad ym 1991. Dyma adnodd posibl i gryfhau'r sefyllfa pe gellid eu hailgyfeirio a phe bai'r awydd i ddysgu drwy gyfrwng y Gymraeg yn gryfach.

Er gwaethaf y problemau niferus a wynebai dwf addysg ddwyieithog yn y sector uwchradd drwy gydol yr ugeinfed ganrif, cafwyd peth cynnydd a gwreiddiodd y syniad. Rhaid priodoli hyn i nifer o ddatblygiadau a rhai mudiadau amlwg a

fu'n gyfrifol am fwrw'r gwreiddiau, ac wedi hynny am y
gofal, y cysgodi a'r gwrteithio a sicrhaodd y blodeuo a'r
ffrwythloni.

Y datblygiad mwyaf arwyddocaol oedd y syniad o sefydlu
ysgol uwchradd benodedig ddwyieithog; ac yn hen sir y Fflint
y cafwyd yr ysgol ddwyieithog gyntaf ym 1956, sef Ysgol
Glan Clwyd. Yna, ar ddechrau'r chwedegau, sefydlwyd
ysgolion Maes Garmon, Morgan Llwyd, Rhydfelen, a'r Strade
yn Llanelli. Erbyn 1979 yr oedd chwe ysgol arall wedi eu
sefydlu a dwy yn yr arfaeth, ac erbyn 1990 yr oedd y
cyfanswm yn 22, gydag ysgol ddwyieithog benodedig ym
mhob un o wyth sir Cymru, ac eithrio Powys.
Gwasanaethu'r ardaloedd trefol Seisnigedig oedd eu bwriad
ar y cychwyn ond buan y gwelwyd hefyd sefydlu ysgolion o'r
fath yn ardaloedd gwledig Dyfed, er enghraifft, Ysgol Maes-
yr-Yrfa ac Ysgol Dyffryn Teifi. Erbyn 1992, trwy ychwanegu
atynt yr ysgolion naturiol ddwyieithog a geid yng Ngwynedd,
Dyfed a Phowys, cydnabu'r Swyddfa Gymreig fod 42 o

27 Ar safle Ysgol Emmanuel y sefydlwyd Ysgol Glan Clwyd ym 1956. Yn
y llun gwelir Mr Leslie Harries, Mr Haydn Thomas a Dr Haydn Williams.

ysgolion uwchradd Cymru yn rhai swyddogol Gymraeg neu ddwyieithog, hynny yw, yn ysgolion lle y dysgir hanner y pynciau neu fwy (ar wahân i'r Gymraeg a'r Saesneg) yn gyfan gwbl neu'n rhannol drwy gyfrwng y Gymraeg.

Yr oedd bodolaeth yr ysgolion hyn a'u datblygiad o ddechrau'r chwedegau ymlaen yn eithriadol bwysig gan fod hynny bellach yn gorfodi gweithredu yn y meysydd a nodwyd eisoes fel rhai a oedd yn llesteirio datblygiad. Bu'n rhaid mynd ati i weithredu ar frys i sicrhau geirfa Gymraeg dderbyniol yn y gwahanol bynciau trwy addasu o ieithoedd eraill a bathu termau Cymraeg newydd, a sicrhau cyflenwad o werslyfrau Cymraeg, arholwyr ac arholiadau cyfrwng Cymraeg, gan fod 37 o wahanol bynciau wedi eu arholi trwy gyfrwng y Gymraeg i lefel TAG neu TAU a 19 i Lefel A erbyn 1981. Ymdrechwyd hefyd i sicrhau cyflenwad digonol o athrawon a allai ddysgu'r pynciau drwy gyfrwng y Gymraeg.

Oni bai am fodolaeth yr ysgolion penodedig dwyieithog, felly, a'r galw am athrawon cymwys i ddysgu ynddynt, y mae'n amheus a fyddai'r Swyddfa Gymreig wedi gweithredu yn niwedd yr wyth a'r nawdegau trwy noddi cyrsiau i athrawon newid eu cyfrwng dysgu a chynnig grantiau i fyfyrwyr hyfforddi i fod yn athrawon cyfrwng Cymraeg. Yr hyn sy'n eironig yw fod yr awdurdodau lleol, trwy sefydlu ysgolion dwyieithog penodol, wedi gwanhau'r Gymraeg yng ngweddill ysgolion uwchradd eu siroedd (ar wahân i Wynedd a Dyfed). Ar y llaw arall, yr oedd eu bodolaeth yn sicrhau'r angen am hyfforddiant ac athrawon hyfforddedig hyderus yn y Gymraeg. Bu'r ysgolion hyn yn gwbl allweddol, felly, i greu amodau addas ar gyfer y twf mewn dysgu cyfrwng Cymraeg a ddigwyddodd yn niwedd y saithdegau a thrwy gydol yr wythdegau. Oni bai am lwyddiant yr ysgolion uwchradd penodedig dwyieithog hyn, y tebygrwydd yw na fyddai'r Gymraeg wedi datblygu'n gyfrwng byw yng Ngwynedd nac yn rhai o'r ysgolion naturiol ddwyieithog yn Nyfed a Phowys.

Mudiad a gyfrannodd yn aruthrol at dwf dwyieithrwydd mewn addysg oedd Urdd Gobaith Cymru. Yn ei araith yn

Eisteddfod Cwm-nedd ym 1918, pwysleisiodd Syr O. M. Edwards yr angen i weithredu ac i ganolbwyntio ar addysg plant:

> Mae'n hen bryd galw'r plant i'r frwydr dros eu hiaith a'u gwlad. Brwydr Cymru . . . am ei bywyd yw y dydd heddiw. Os enillwn y plant hyn enillwn y fuddugoliaeth a bydd Cymru a'i hiaith yn ddiogel am byth. Ond os collwn ein gafael ar y genhedlaeth hon,—gydwladwyr annwyl,—bydd yn rhy hwyr.

Daeth un o weithwyr y Girl Guides i annog pentrefwyr Llanuwchllyn i sefydlu cangen o'u mudiad yno a sylweddolodd Syr Ifan ab Owen Edwards y gallai'r mudiad hwn, a'i holl ymagweddau Seisnig, Seisnigeiddio plant cefn gwlad Cymru. Aeth ati'n syth ym 1922 i sefydlu'r Urdd yn fudiad ieuenctid gwirfoddol a oedd yn cynrychioli popeth Cymraeg. Yn y dyddiau cynnar disgwylid i'r aelodau siarad, darllen, canu caneuon a chwarae yn Gymraeg, peidio â gwadu mai Cymry oeddynt, a gwisgo bathodyn yr Urdd cyn amled â phosibl. Bu'r mudiad a'i sefydlydd yn allweddol i ddatblygiad addysg cyfrwng Cymraeg, yn uniongyrchol ac yn anuniongyrchol.

Ym 1939 sefydlwyd ysgol breifat Lluest, Aberystwyth, gan Syr Ifan ab Owen Edwards yn enw'r Urdd. 'Fflach o ragluniaeth fawr y nef' oedd cael Norah Isaac yn athrawes, yn ôl Owen Edwards, gan ei bod yn aelod o staff yr Urdd. Yr oedd wedi ei hyfforddi yn athrawes, ond nid oedd erioed wedi dysgu. Nid oedd sylfaenydd yr ysgol yn fodlon ar y Seisnigeiddio a oedd yn digwydd yn nosbarth babanod Ysgol Heol Alecsandra, Aberystwyth, yn sgil dyfodiad ifaciwîs i dderbyn lloches ac addysg. Ofnai'r effaith andwyol a gâi hynny ar addysg Owen, ei fab ei hun. Y mae llwyddiant yr ysgol hon a'r modd y cymerwyd hi dan adain yr awdurdod addysg ym 1951 yn hanes bellach, ond dyma gychwyn addysg cyfrwng Cymraeg. Heb hyder y sylfaenydd yn naliadau ei dad Syr O. M. Edwards, sef fod addysg yn y famiaith yn

28 Miss Norah Isaac, athrawes ysgol breifat Lluest, ac Owen Edwards.

angenrheidiol, pwy a ŵyr beth fyddai cyflwr addysg Gymraeg erbyn heddiw? Gosodwyd y sylfaen ar gyfer addysg uwchradd Gymraeg yn ail hanner y ganrif. Deil Norah Isaac fod diffiniad y sylfaenydd o addysg Gymraeg '. . . gyfwerth, gyfled, gystal ag unrhyw ddiffiniad o addysg yn unrhyw le':

> . . . meithrin dinasyddiaeth, bywyd Cristnogol a chariad at brydferthwch ydyw uchelgais ysgol a hynny ar sail diwylliant Cymru.

Gwnaeth Ifan ab Owen Edwards gymwynas anferth arall â'r iaith hefyd drwy sefydlu'r gwersyll Cymraeg cyntaf yn Llanuwchllyn ym 1928. Ei nod gwreiddiol oedd 'creu Cymru bur, Gymreig—nid er ei mwyn ei hun, nid er mwyn ceisio gwneud Cymru yn uwch neu'n fwy na'r gwledydd eraill, ond er mwyn i Gymru wneud ei rhan i ddod â heddwch i fyd sy heddiw'n llawer rhy llawn o ysbryd erlid a rhyfel.' Ni chyflawnwyd y nod aruchel hwnnw, ond llwyddwyd i gynnig cyfle i blant ac ieuenctid Cymru i fwynhau eu hunain drwy gyfrwng y Gymraeg. Erbyn heddiw mynychir gwersylloedd Llangrannog a Glan-llyn gan filoedd o blant Cymru yn flynyddol; y maent ar agor am 50 wythnos y flwyddyn ac fe'u defnyddir gan ysgolion ar gyfer Cymry Cymraeg a dysgwyr. Ceir cyfle ynddynt i fwynhau chwaraeon fel sgïo, mynydda, canŵio, rhwyfo, merlota a moto beicio yn ogystal â chwaraeon campfa a'r gemau a chwaraeir ym mhob ysgol megis pêl-rwyd, pêl-fasged, pêl-droed, hoci a rygbi. Gwneir y cyfan trwy gyfrwng y Gymraeg, gan roi cyfle i'r ieuenctid i ymgyfarwyddo â thermau priodol a'u defnyddio mewn awyrgylch anffurfiol. Gosodwyd y sylfaen ar gyfer sylwebu ar rygbi a phob math o chwaraeon eraill yng ngwersylloedd yr Urdd. Nododd yr Athro Colin Baker fod ymwneud â diwylliant ieuenctid, gan gynnwys yr Urdd, yn gymorth i fagu agweddau cadarnhaol tuag at y Gymraeg, yn fwy felly na dylanwad cartref ac ysgol. Cymwynas anferth felly fu cychwyn y gwersylloedd.

Cychwynnwyd *Cymru'r Plant* gan O. M. Edwards a bu

mudiad yr Urdd wedyn yn gyfrifol am nifer o gyhoeddiadau Cymraeg eu hiaith ar gyfer plant drwy gydol y ganrif. Aeth *Cymru'r Plant* yn un â'r *Aelwyd* ar ddechrau'r pedwardegau ond ym 1946 ymddangosodd y ddau fel cylchgronau annibynnol. Ym 1955 cyhoeddwyd cylchgrawn newydd, sef *Cymraeg*, ar gyfer plant a oedd â'r Gymraeg yn ail iaith iddynt a chyda chefnogaeth yr awdurdodau addysg yr oedd cylchrediad *Cymraeg* a *Cymru'r Plant* yn 43,000. Yn y cyfnod hwn yr oedd cyhoeddiadau ar gyfer dysgwyr yn eithriadol brin ac, fel y dengys y gwerthiant, yr oedd ysgolion Cymru yn dibynnu'n drwm ar y ddau gyhoeddiad fel deunydd ysgafn atodol ar gyfer eu disgyblion.

Cymwynas arall a wnaeth y mudiad â phlant Cymru oedd sefydlu Eisteddfod Genedlaethol yr Urdd. Yng Nghorwen ym 1929 y cychwynnodd yr eisteddfod hon ar gyfer ieuenctid Cymru, a cheid ynddi adrannau ar Lenyddiaeth, Cerddoriaeth, Adrodd a Chelfyddyd. Hefyd cynhwyswyd nifer o gystadlaethau gwahanol yn eu dydd megis canu gwerin, dawnsio, chwibanu, canu actol, casglu blodau gwylltion, sylwi ar adar a phob math o weithgareddau eraill. Bellach, y mae'n un o brif wyliau ieuenctid Ewrop, gyda miloedd lawer o blant yn cael cyfle i gymryd rhan yn yr eisteddfodau cylch a sirol, hyd yn oed os nad ydynt yn cyrraedd y brif eisteddfod. Rhydd hyn gyfle i Gymry Cymraeg a dysgwyr fel ei gilydd i ddefnyddio'r iaith at bwrpas gwahanol i addysg; rhydd gyfle iddynt i gymdeithasu drwy gyfrwng yr iaith a mwynhau eu hunain yn gyffredinol. Y mae'r gefnogaeth a gaiff yr Eisteddfod gan ysgolion cynradd ac uwchradd ledled Cymru yn dyst i'w phoblogrwydd ymysg athrawon a'r modd y maent yn gwerthfawrogi'r cyfle a roddir i'w plant.

Y mae gan Gymru, yr iaith Gymraeg ac addysg cyfrwng Cymraeg le mawr i ddiolch i Syr Ifan ab Owen Edwards am ymestyn gweledigaeth ei dad, gan ei throi'n gyfres o lwyddiannau ymarferol, poblogaidd. Ceir teyrnged rymus gan Islwyn Ffowc Elis i'w gamp:

29 Syr Ifan ab Owen Edwards, sylfaenydd Urdd Gobaith Cymru.

Pan oedd ein hynafgwyr yn breuddwydio breuddwydion am a fu ond ein gwŷr ifanc heb weledigaeth am a fyddai; pan oedd ein hiaith heb barch, ein haddysg heb lewyrch, ein hanes heb le; dyna pryd y cododd Ifan ab Owen o Lanuwchllyn ei lef . . .

Yn anuniongyrchol y cyfrannodd rhai mudiadau gwirfoddol eraill at dwf yr iaith fel cyfrwng yn y sector uwchradd. Mudiadau oedd rhai ohonynt a sefydlwyd yn wreiddiol i roi pwysau ar lywodraeth y dydd a'r awdurdodau i ymestyn addysg cyfrwng Cymraeg yn gyffredinol ac i sicrhau yr adnoddau angenrheidiol i wneud hynny. Sefydlwyd Undeb Rhieni Ysgolion Cymraeg ym 1952 gyda'r bwriad o gysylltu rhieni plant a oedd yn mynychu'r ysgolion Cymraeg/ dwyieithog a sefydlwyd eisoes, ac i bwyso am fwy o addysg Gymraeg. Rhieni Dros Addysg Gymraeg yw'r corff cyfatebol bellach (er 1984) ac ym 1990-1 bu'r corff mewn cyswllt agos â'r ymgyrch yn Nyfed i sefydlu ysgolion dwyieithog penodedig yn Aberaeron, Llanbedr Pont Steffan a Thregaron. Bu ganddo ran allweddol yn nhwf addysg ddwyieithog gynradd ac uwchradd yn ne-ddwyrain Cymru ac yn yr ymgyrchoedd i geisio sefydlu mwy o ysgolion dwyieithog yng Ngorllewin Morgannwg yn ystod yr wythdegau. Yn sgil cyhoeddi Papur Gwyn y Llywodraeth Geidwadol ar ddyfodol y gyfundrefn addysg ym Mhrydain yng Ngorffennaf 1992, cysylltodd y mudiad ei hun ag awydd y llywodraeth i ysgolion eithrio o ofal yr awdurdodau addysg a chael eu cyllido yn uniongyrchol gan Gorff Cyllido Annibynnol, penderfyniad a ysgogwyd gan amharodrwydd awdurdod fel Gorllewin Morgannwg i ymestyn ei ddarpariaeth ddwy-ieithog. Credai nifer o addysgwyr ar y pryd mai cam gwag fyddai cysylltu addysg ddwyieithog ag eithrio o ofal awdurdod gan y byddai hynny'n darnio'r cryfder cenedlaethol a ddatblygasai dros y deugain mlynedd cyn hynny a'r blaen-gynllunio a oedd yn digwydd mewn rhai siroedd. Byddai ysgolion, o eithrio, yn gyfan gwbl ar eu pennau eu hunain ac ni fyddai modd cynllunio a chadarnhau twf addysg ddwyieithog yn yr un modd ag a wnaethid o dan yr awdurdodau lleol. Erbyn dechrau 1996 nid oedd yr un ysgol uwchradd ddwyieithog wedi gwneud cais am eithrio.

Sefydlwyd Ymddiriedolaeth Glyndŵr ym 1966 i roi cymorth i fudiadau addysg Gymraeg, a chyda'r nod o sicrhau bod addysg gynradd ac uwchradd Gymraeg o fewn cyrraedd pob plentyn yng Nghymru. Yn sgil marwolaeth sydyn ei sefydlydd, Trefor Morgan, ni ddatblygodd yr ymddiriedolaeth fel y'i bwriadwyd, ond bu'n gefn i'r mudiadau eraill yn ystod y cyfnod rhwng 1966 a 1968.

Ym 1971 sefydlwyd y Mudiad Ysgolion Meithrin, er bod sefydlu cylchoedd eisoes wedi cychwyn o dan ofal Cronfa Glyndŵr (yr oedd 75 o gylchoedd yn bodoli ym 1966-7). Yr oedd yr adroddiad *Addysg Gynradd Cymru* eisoes wedi tynnu sylw at y ffaith y gallai addysg feithrin drwy gyfrwng y Gymraeg atal dirywiad yr iaith a chynorthwyo i wneud Cymru yn wlad ddwyieithog. Yn yr ardaloedd Seisnigedig y gwelwyd effaith gwaith y mudiad fwyaf; yr oedd 420 o Gylchoedd Meithrin Cymraeg wedi eu sefydlu yng Nghymru erbyn 1984, ynghyd â 160 o Gylchoedd Mam a'i Phlentyn, ac yr oedd 65 y cant o'r aelodau yn dod o gartrefi di-Gymraeg. Er bod y mudiad wedi derbyn nawdd o'r Swyddfa Gymreig o 1973 ymlaen (derbyniwyd dros £400,000 ym 1989), drwy ymgyrchoedd casglu arian a chyfraniadau gwirfoddol y deuai'r rhan helaethaf o'u cyllid dros y blynyddoedd ac yr oedd y rhieni hynny a oedd am sicrhau addysg feithrin Gymraeg i'w plant yn gorfod talu amdani. Nid oes amheuaeth na fu i'r mudiad hwn lwyddo i gyflwyno'r Gymraeg i filoedd o ddysgwyr dros y blynyddoedd, a thrwy hynny adeiladu sylfaen gadarn ar gyfer addysg gynradd ac uwchradd Gymraeg.

Bu ymgyrchoedd tanbaid Cymdeithas yr Iaith Gymraeg yn ymestyn ymhellach o lawer na'r byd addysg er cyfnod ei sefydlu yn sgil araith radio enwog Saunders Lewis ym 1962. Iddi hi y mae'r diolch, serch hynny, am gynnig y syniad o sefydlu'r Corff Datblygu Addysg Gymraeg ym 1982 a rhoi'r cyfle mewn cynhadledd genedlaethol yn Aberystwyth yn

30 Cynog Dafis, Aelod Seneddol Ceredigion a Gogledd Penfro, ac un o
feddylwyr praffaf Cymdeithas yr Iaith Gymraeg yn y saith a'r wythdegau.

Nhachwedd 1983 i drafod cyfrifoldebau a pholisïau posibl corff o'r fath. Cynigiwyd gan Cynog Dafis y gallai'r corff hwn gasglu gwybodaeth ystadegol am sefyllfa'r iaith mewn addysg, gan weithredu cynlluniau ymchwil yn sgil y canlyniadau. Gellid ystyried a dehongli canlyniadau'r mewnlifiad i Gymru, ystyried modelau polisi i ymdrin â sefyllfaoedd cymysgiaith/ymfudol, disgrifio ac argymell polisïau realistig i'r awdurdodau addysg, a monitro ac adrodd yn gyson i'r Ysgrifennydd Gwladol ar sefyllfa addysg ddwyieithog yn sgil y mewnlifiad. Yn ystod gweddill y gynhadledd crybwyllwyd addysg feithrin, dysgu Cymraeg mewn ardaloedd di-Gymraeg, cryfhau sefyllfa adnoddau a gwerslyfrau Cymraeg, a threfnu cyhoeddusrwydd ymhlith rhieni fel meysydd eraill y gallai'r Corff ymwneud â hwy.

Er gwaethaf yr ymgyrchu ni chafwyd y Corff y galwyd amdano, eithr sefydlwyd y Pwyllgor Datblygu Addysg Gymraeg (PDAG) yn Chwefror 1986 fel corff o fewn Cyd-Bwyllgor Addysg Cymru a'i ariannu'n uniongyrchol gan grantiau o'r Swyddfa Gymreig. Ei swyddogaeth oedd bod yn fforwm i gynghori llywodraeth ganol a llywodraeth leol ar bolisi iaith; gwella cydlynu ymhlith asiantau a oedd yn cyfrannu at addysg yn yr iaith Gymraeg; dynodi anghenion datblygiad, a blaenoriaethau oddi mewn i'r anghenion hynny, a bod yn gyfrwng i'w hateb; a dynodi anghenion ymchwil a dosbarthu gwybodaeth. Yr oedd nifer o'r dyletswyddau hyn yn rhai a restrwyd yn wreiddiol yn nhrafodaethau Cymdeithas yr Iaith a theg yw cydnabod ei rhan yn sefydlu PDAG.

Cynyddodd y nawdd a dderbyniai addysg Gymraeg o du'r llywodraeth o 62 y cant rhwng 1988-9 a 1991-2. Casglwyd ystadegau ynglŷn â sefyllfa'r Gymraeg mewn addysg a chost addysg Gymraeg a dwyieithog; cafwyd rhagolygon o'r costau i gynnal y gyfundrefn i'r dyfodol; pennwyd blaenoriaethau trwy sefydlu is-bwyllgorau ar gyfer anghenion o ran adnoddau ac ymchwil yn y gwahanol bynciau; ac ariannwyd tair canolfan ddatblygu a chynhyrchu adnoddau yn Nhrefforest, Aberystwyth a Bangor. Er bod PDAG yn gorff a oedd yn gallu cydlynu datblygiadau addysg Gymraeg, nid oedd ganddo ddannedd i greu polisïau, i sefydlu prosiectau ymchwil nac i ateb y gofynion yr oedd ef ei hun yn eu gosod. Gan mai yn nwylo'r Swyddfa Gymreig yr oedd y grym ariannol, yr oedd PDAG yn analluog i weithredu. Ar wahân i hyrwyddo darparu gwerslyfrau, anodd oedd canfod ei ddylanwad uniongyrchol ar weithgarwch yn y dosbarthiadau uwchradd.

Y dylanwad mwyaf yn ystod y ganrif ar yr hyn a oedd yn digwydd yn ieithyddol yn y dosbarthiadau oedd Deddf Diwygio Addysg 1988, gan fod grym statudol bob amser yn cyflymu gweithredu. Daethai'r Gymraeg naill ai yn bwnc craidd neu yn bwnc sylfaen ym mhob ysgol yng Nghymru (ar wahân i'r ysgolion hynny a gawsai ganiatâd yr Ysgrifennydd Gwladol i beidio â'i gynnig oherwydd amgylchiadau arbennig). Pan fyddai'r Cwricwlwm Cenedlaethol yn weithredol trwy Gyfnodau Allweddol 2 a 4, felly, gellid disgwyl i'r cynnydd fod yn sylweddol iawn, gan nad oedd 436 (23.6 y cant) o ysgolion cynradd Cymru a 32 (13.4 y cant) o'r ysgolion uwchradd yn dysgu'r Gymraeg o gwbl ym 1982-3. Bu peth gwelliant erbyn 1987-8 pan gynyddodd y rhifau i 343 (19.5 y cant) yn y sector cynradd a 28 (12.0 y cant) yn y sector uwchradd. Arafwyd peth ar y cynnydd posibl pan gyhoeddodd y Swyddfa Gymreig, yn sgil Adroddiad Dearing yn Ionawr 1994, na fyddai Cymraeg Ail Iaith yn statudol yng Nghyfnod Allweddol 4 tan 1999.

Nid oes sicrwydd y gwelir yr un cynnydd mewn defnydd o'r Gymraeg mewn dysgu pynciol. Yn y cyfnod rhwng 1985 a 1988 gwelwyd cynnydd yn niferoedd yr ysgolion a oedd yn dysgu pynciau drwy gyfrwng y Gymraeg ym mhum mlynedd cyntaf yr ysgol uwchradd: Addysg Grefyddol 44 > 51; Hanes 44 > 50; Daearyddiaeth 43 > 48; Mathemateg 25 > 32; Gwyddoniaeth Cyffredinol 12 > 28; Ffiseg 17 > 20; Cemeg 18 > 20; Drama 17 > 27; Ffrangeg 25 > 28; Addysg Gorfforol 20 > 31; Pynciau eraill 33 > 34. Aros yn ei unfan a wnaeth Cerddoriaeth (38), gyda Chelf yn unig yn gostwng o 37 > 36. Ond bellach, yn sgil y Ddeddf Diwygio Addysg, ystyrir 42 o ysgolion uwchradd Cymru yn ysgolion cyfrwng Cymraeg swyddogol a gallai hynny olygu gostyngiad yn nifer yr ysgolion a fydd yn cynnig Addysg Grefyddol, Hanes a Daearyddiaeth drwy gyfrwng yr iaith Gymraeg.

Hyd at ddechrau'r ugeinfed ganrif, gellid dadlau bod y llywodraeth a'r gyfundrefn addysg wedi gwneud eu gorau i rwystro'r iaith Gymraeg rhag bod yn gyfrwng addysg, ac mai ei chryfder ar wefusau gwerin gwlad a fu'n fodd i'w hachub. Daeth tro ar fyd yn ystod y ganrif yn sgil dirywiad amlwg yn nifer ei siaradwyr; cafwyd gostyngiad o 49.9 y cant ym 1901 i 18.6 y cant ym 1991. Dirywiodd ei defnydd ond, ar ryw olwg, cynyddodd ei gwerth. Dadleua John Aitchison a Harold Carter fod y gallu i siarad Cymraeg bellach yn arwain at fwy o gyfleoedd i'r unigolyn:

> . . . now, the ability to speak Welsh is seen by many as a key to wider employment opportunities and something of a status symbol. But this is so predominantly amongst that section of the middle class involved in academe, the media and government—a section of society limited in number, but nonetheless highly influential.

Bellach daeth y llywodraeth, trwy beri bod y Gymraeg yn bwnc craidd neu sylfaen yn yr ysgolion, â chyfle newydd i'w hadfywio yn yr ardaloedd hynny lle bu'n gwanychu. Os bydd llwyddiant i'r Gymraeg yn y Cwricwlwm Cenedlaethol yng Nghymru, bydd canran llawer uwch o blant yn cyrraedd diwedd Cyfnod Allweddol 2 gyda'r hyfedredd yn yr iaith i'w defnyddio'n gyfrwng yn y sector uwchradd.

Ond, yn eironig, gallai'r union lywodraeth honno, yn sgil ei pholisi o ddiddymu'r wyth awdurdod addysg ar ddechrau 1996 a chreu'r awdurdodau unedol newydd yn eu lle, ac o gyllido addysg feithrin trwy dalebau o dan gochl rhoi mwy o ddewis i rieni a mwy o rym a chyllid i ysgolion a llywodraethwyr, danseilio'r holl fanteision a ddaeth i ran addysg drwy gyfrwng y Gymraeg. Y mae'r llaw a roes y cyllid a'r statws i'r iaith yn y gyfundrefn addysg hefyd wedi dinistrio'r fframwaith cynhaliol. Her y dyfodol fydd ymateb i'r sefyllfa fel na fyddo'r un plentyn na'r Gymraeg yn dioddef.

DARLLEN PELLACH

Adroddiadau Adran Gymraeg y Weinyddiaeth Addysg, *Y Gymraeg Mewn Addysg a Bywyd* (1927), *Dysgu Iaith yn yr Ysgolion Cynradd* (1945), *Y Broblem Ddwyieithog yn yr Ysgolion Uwchradd yng Nghymru* (1949), *Y Cwrs Addysg a'r Gymdeithas yng Nghymru* (1952) (Llundain, HMSO).

Adroddiadau y Weinyddiaeth Addysg, *Dyfodol Addysg Uwchradd yng Nghymru* (Adroddiad y Cyngor Canol ar Addysg: Cymru) (1949), *Lle'r Gymraeg a'r Saesneg yn Ysgolion Cymru* (Crynodeb o Adroddiad y Cyngor Canol ar Addysg: Cymru) (1953) (Llundain, HMSO).

AEM Cymru (Y Swyddfa Gymreig), *Gwaith Cyfrwng Cymraeg mewn Ysgolion Uwchradd* (Arolwg Addysg 9) (Llundain, HMSO, 1981).

Cyngor yr Iaith Gymraeg (Y Swyddfa Gymreig), *Dyfodol i'r Iaith Gymraeg* (Caerdydd, HMSO, 1978).

Cynog Dafis, 'Corff Datblygu Addysg Gymraeg—y Mewnlifiad', *Rhaglen Waith i Gorff Datblygu Addysg Gymraeg* (Aberystwyth, 1983).

Fforwm Iaith Genedlaethol, *Strategaeth Iaith 1991-2001* (1991).

R. E. Griffith, *Urdd Gobaith Cymru*, I a II (Aberystwyth, 1971-2).

D. G. Jones, 'The Welsh Language Movement', *The Welsh Language Today*, gol. Meic Stephens (Llandysul, 1973).

W. R. Jones, *Bilingualism in Welsh Education* (Caerdydd, 1966).

Jac L. Williams, gol., *Addysg i Gymru* (Ysgrifau ar Addysg 4, Caerdydd, 1966).

GWLADGARWCH
HUW T. EDWARDS

Gwyn Jenkins

Nid oes llygedyn o obaith i Whitehalliaeth fyth ddeall dyheadau'r Cymry . . .

Huw T. Edwards

Ar 6 Awst 1959, mewn cyfarfod a drefnwyd gan Gymdeithas Gymraeg Prifysgol Llundain yn ystod wythnos Eisteddfod Genedlaethol Caernarfon, cododd un o bendefigion y genedl ar ei draed a datgan ar goedd ei fod am 'droi ei gefn' ar y Blaid Lafur ac ymuno â Phlaid Cymru. Buasai'r gŵr hwn, Huw T. Edwards, yn aelod ffyddlon a blaenllaw o'r Blaid Lafur er deugain mlynedd ac o ganlyniad i'w gyfraniad i'r mudiad llafur yr oedd wedi dringo i safle o ddylanwad ym mywyd cyhoeddus Cymru. Gelwid ef, pan oedd yn anterth ei ddylanwad yng nghanol y 1950au, yn 'Brif Weinidog answyddogol Cymru'.

Yr oedd cyhoeddiad Huw T. Edwards y diwrnod hwnnw yn un syfrdanol. Dywed rhai mai penderfyniad byrbwyll ac emosiynol ydoedd, ymateb dyn rhwystredig a oedd yn prysur golli dylanwad, ac y mae'r ffaith iddo ailymuno â'r Blaid Lafur ym 1965 ac edifarhau droeon iddo ymuno â Phlaid Cymru yn ategu hynny. Ond yr oedd mwy o arwyddocâd i'r dröedigaeth na phenderfyniad un dyn. I raddau helaeth gellir gweld ym mywyd Huw T. Edwards adlais o'r cwestiynau a godai byth a beunydd ym meddyliau sosialwyr gwlatgar Cymru yn yr ugeinfed ganrif. Sut y gellid amddiffyn Cymreictod mewn byd gwleidyddol a roddai gyn lleied o bwys ar y fath syniad? Sut y gellid bod yn wladgarwr mewn plaid megis y Blaid Lafur a honnai gredu mewn sosialaeth ryngwladol ac a wgai ar holl egwyddorion cenedlaetholdeb? Sut y gellid gweithredu i wella safon byw y werin-bobl heb danseilio'r 'hen ffordd Gymreig o fyw'? Sut y gellid gweithredu o blaid Cymru pan oedd y grym yn nwylo gwleidyddion a gweision sifil yn Llundain?

Wrth geisio mynd i'r afael â'r cwestiynau hyn, aeth Huw T. Edwards i drybini sawl gwaith. Ar lawer ystyr, nid oedd yn gwbl nodweddiadol o'r sosialydd o Gymro yn yr ugeinfed ganrif. Yr oedd yn dipyn o wrthryfelwr, a byddai'n mwynhau pryfocio ymateb a chicio yn erbyn y tresi. Gwleidydd pragmatig ydoedd, nid damcaniaethwr, ac eto pan fyddai'n ystyried problemau cenedlaethol Cymru tueddai yn aml i

fod yn freuddwydiol, yn anymarferol ac anghyson, fel y
gwelir maes o law. Ar yr un pryd rhaid pwysleisio hefyd mai
dyn ydoedd a ymatebai i'w amgylchedd, a hynny yn aml yn
reddfol. Gellir deall yn well ei dröedigaeth syfrdanol ym
1959 drwy olrhain ei ymateb i'w deulu a'i gyfeillion, i'w
gyd-weithwyr ac i'r gymdeithas yr oedd yn byw ynddi yn
gymaint â'i syniadau gwleidyddol haniaethol. Serch hynny,
y tu ôl i'r cyfan yr oedd dyhead cryf i wneud ei orau dros
werin-bobl Cymru.

Cyn bwrw golwg ar ddiwedd y pumdegau, y mae'n werth
edrych yn fanylach ar ddatblygiad pererindod gwleidyddol
Huw T. Edwards oherwydd yn y datblygiad hwnnw y gwelir
yr hadau a flagurodd adeg ei dröedigaeth ym 1959. Er mai
hanes dyn yn datblygu yn sosialydd pybyr a geir yma,
cyfeirir yn arbennig at ei agwedd at genedlaetholdeb
Gymreig.

Ganed Hugh Thomas Edwards ar 19 Tachwedd 1892
mewn bwthyn diarffordd o'r enw Pen-ffridd ar lethrau
mynydd Tal-y-fan yn nyffryn Conwy, yn fab i rieni uniaith a
chrefyddol. Maes o law daeth Hugh Thomas yn Huw T., yn
Huw Twm neu yn H.T. Defnyddir yr enw Huw T. yn yr
ysgrif hon. Pan oedd yn wyth mlwydd oed, bu farw ei fam a
chafodd y profiad trallodus hwnnw gryn effaith arno. Bu'n
dipyn o rebel yn yr ysgol, lle y cafodd ychydig o addysg o
safon, a hynny yn yr iaith Saesneg. Ar ôl gadael yr ysgol,
gweithiodd ar ffermydd lleol ac yn chwarel ithfaen
Penmaen-mawr, ond ym 1909 penderfynodd fudo i gymoedd
y de. Yno bu'n byw bywyd eithaf anystywallt am gyfnod,
gan flasu holl ddanteithion cosmopolitaidd cymoedd de
Cymru yn ystod y cyfnod cyffrous hwnnw ar drothwy'r
Rhyfel Mawr. Y mae lle i gredu nad yn ystod y cyfnod hwn y
daeth Huw T. yn sosialydd, er iddo fyw trwy gyfnod
terfysgoedd Tonypandy a chlywed Keir Hardie yn areithio.
Ym mis Awst 1914 fe'i galwyd i faes y gad, a gwasanaethodd
yn ffosydd Fflandrys am bedair blynedd cyn cael ei glwyfo'n
ddifrifol yn ystod ail frwydr y Somme ym mis Mawrth 1918.
Drannoeth y drin dychwelodd i ogledd Cymru a phriodi

31 Huw T. Edwards (1892-1970).

Margaret Owen, merch brin ei Saesneg o Rachub, Bethesda.
O hynny ymlaen, Cymraeg fyddai iaith aelwyd Huw T., hyd
yn oed wedi iddo ef a'i deulu symud i un o ardaloedd
Seisnicaf Cymru maes o law.

Yn ystod y dauddegau y dechreuodd Huw T. wleidydda o
ddifrif. Collasai ei swydd yn chwarel ithfaen Penmaen-mawr
ym 1920 yn sgil streic chwerw, anghydfod a'i troes yn
undebwr digyfaddawd. Ar yr un pryd, datblygodd yn un o
hoelion wyth y Blaid Lafur yng ngogledd Cymru. Y mae'n
debyg ei fod yn un o'r cant neu fwy o gynrychiolwyr a
fynychodd gyfarfod ym Mangor yn Chwefror 1924 i sefydlu
pwyllgor etholaeth y Blaid Lafur ym Mwrdeistrefi
Caernarfon. Yn y cyfarfod hwnnw cafodd ei ddewis yn aelod
o'r pwyllgor gwaith, ffaith sy'n awgrymu ei fod eisoes wedi
gwneud argraff ar y mudiad. Ef hefyd a oedd yn bennaf
cyfrifol am sefydlu cangen o'r Blaid Lafur ym Mhenmaen-
mawr yn ddiweddarach yn y mis. Yn ystod y cyfnod hwnnw
y dysgodd Huw T. y grefft o siarad yn gyhoeddus.
Cynhaliwyd cyfarfodydd awyr-agored ar y cei yng Nghonwy
ac yn y maes parcio ym Mhenmaen-mawr yn ystod yr haf, a
rhoes hynny gyfle iddo ef a'i debyg i gyhoeddi'r efengyl
sosialaidd i'r sawl a oedd yn fodlon gwrando. Fodd bynnag,
ni chafodd y Blaid Lafur fawr o lwyddiant etholiadol ym
Mhenmaen-mawr. Er ei ethol o drwch blewyn i gyngor tref
Penmaen-mawr ym 1927, ar waelod y pôl yr oedd enw Huw
T. mewn etholiad i'r cyngor sir y flwyddyn ganlynol. Serch
hynny, cymaint oedd parch y cynghorwyr ato fel yr
etholwyd ef yn faer y dref ym 1932, ac yntau'n ddi-waith ar
y pryd.

Huw T. oedd asiant yr ymgeiswyr Llafur yn seddi
Bwrdeistrefi Caernarfon yn etholiad cyffredinol 1929 a
thrachefn yn sir y Fflint ym 1931. Wedi etholiad 1929
atgyfodwyd Cymdeithas Lafur Gogledd Cymru, ac etholwyd
Huw T. yn ysgrifennydd. Er mai *North Wales Labour Parties
Federation* oedd teitl y Gymdeithas bellach, ac mai yn
Saesneg y cedwid y cofnodion, deuai Cymreictod yr
ysgrifennydd i'r amlwg o bryd i'w gilydd. Ym 1928, er

enghraifft, dadleuodd o blaid hawl cynghorwyr i siarad yn Gymraeg yn y Cyngor ac ym 1932 cefnogodd ymgais Plaid Cymru i godi baner y Ddraig Goch yng Nghaernarfon, er iddo ddweud nad oedd 'antics' y Blaid wedi dylanwadu dim arno. Fodd bynnag, rhaid derbyn mai Saesneg oedd iaith ei weithgareddau gwleidyddol, ac eithrio ambell araith Gymraeg mewn cyfarfodydd cyhoeddus, ac yn hyn o beth, yr oedd yn gwbl nodweddiadol o'i gyfnod a'i gyfoedion.

Ym 1932, ac yntau'n parhau'n ddi-waith, ymgeisiodd am swydd gydag Undeb y Gweithwyr Trafnidiol a Chyffredinol ac, er mawr syndod, ei chael. Golygai hynny godi pac a symud gyda'i wraig a'i ferch i fyw i Shotton ar lannau Dyfrdwy, ardal lle'r oedd dylanwad glannau Mersi yn gryf ac nad oedd fawr o Gymraeg i'w chlywed. Er y byddai Huw T., yn rhinwedd ei swydd, yn teithio ledled gogledd Cymru, gan ddefnyddio'r Gymraeg mewn ardaloedd lle'r oedd yn iaith frodorol, Saesneg oedd iaith yr Undeb a Saesneg oedd iaith ei gyd-weithwyr. Pan ddaeth yr undebwr enwog Tom Jones, Rhosllannerchrugog, i Shotton i weithio maes o law, tueddent i siarad cymysgedd o'r ddwy iaith.

Ni welir ôl dylanwad cenedlaetholdeb ar weithgareddau Huw T. yn y tridegau. Cyfeiriai ei holl egni at geisio lleddfu effeithiau'r dirwasgiad. Brwydrai i gynyddu aelodaeth ac effeithiolrwydd yr Undeb yng ngogledd Cymru a chanolbwyntiai ei ymdrechion gwleidyddol ar gryfhau'r Blaid Lafur, a hynny ar raddfa leol, drwy ei weithgaredd fel cynghorydd sir, ac ar raddfa genedlaethol. Serch hynny, fel o'r blaen, deuai ei Gymreictod i'r amlwg. Ym 1939, er enghraifft, yr oedd Huw T. ymhlith y rhai a fu'n annerch yn y cyfarfod a gynhaliwyd yn Transport House, Shotton, i gefnogi'r Ddeiseb Iaith a anelai at sicrhau statws i'r Gymraeg mewn llysoedd barn yng Nghymru. Nid oes amheuaeth na thyfodd ei ymrwymiad at iaith a diwylliant ei genedl yn aruthrol yn ystod y blynyddoedd canlynol ac yr oedd yn naturiol iddo ddefnyddio ei ddylanwad cynyddol yn y maes hwnnw.

Yn ystod cyfnod yr Ail Ryfel Byd daeth yn adnabyddus

drwy Gymru benbaladr yn sgil ei waith ar amryw o bwyllgorau cenedlaethol a hefyd ei ddarllediadau radio. Daeth i'r amlwg hefyd wedi i'w erthygl, 'What I want for Wales', ymddangos yn rhifyn Ionawr 1944 o'r cylchgrawn *Wales*. Yn yr erthygl dra phryfoclyd a dadleuol honno awgrymodd y dylid dymchwel 75 y cant o eglwysi a chapeli Cymru neu eu defnyddio yn fwy effeithiol, a galwodd am ddyrchafu'r Gymraeg yn bwnc gorfodol yn ysgolion Cymru, gan bennu dyddiad pryd y byddai'n ofynnol i bob athro a benodid i ysgol yng Nghymru allu siarad Cymraeg. Ond ei brif neges oedd: 'Ni all Cymru obeithio dod yn wlad lle y gall ei phobl fyw yn weddus heb iddi gael yr hawl i reoli ei thynghedau ei hun.'

Dadleuai o blaid hunanlywodraeth i Gymru ond gwnâi hynny am 'resymau dra gwahanol ac mewn ffordd wahanol i'r Blaid Genedlaethol'. Beirniadai'r Blaid Lafur am fethu ymateb i ddyheadau Cymru. Yr oedd yn awyddus i sefydlu 'Plaid Sosialaidd Gymreig' a chanddi aelodaeth cyswllt â'r Blaid Lafur yn Lloegr. Galwai am dynnu 'elfennau blaengar' yng Nghymru ynghyd i ffurfio polisi radical i Gymru. Byddai senedd newydd yn rheoli 'tynghedau' Cymru, ac eithrio amddiffyn, a byddai'r cyfrifoldeb hwnnw yn disgyn ar Gyngor Amddiffyn Ynysoedd Prydain.

Nid oes amheuaeth nad cynhyrfu'r dyfroedd oedd bwriad Huw T. wrth gyhoeddi'r erthygl hon. Go brin iddo dderbyn fawr o gefnogaeth i'w syniadau yn rhengoedd y Blaid Lafur. Er iddo ymosod yn gyhoeddus ar Blaid Cymru am ei pholisi cul a gwrth-Seisnig, y mae'n debyg ei fod eisoes mewn cysylltiad preifat â'r Blaid. Yn ystod y cyfnod hwn bu'n gohebu â'i hysgrifennydd, J. E. Jones, ac yn prynu ei phamffledi a'r *Ddraig Goch*. Mewn un llythyr, sydd i'w ganfod ymhlith archifau Plaid Cymru yn y Llyfrgell Genedlaethol, ysgrifenna fel a ganlyn:

Credaf yn gydwybodol nad oes obaith i Gymru—ond trwy fesur o Hunan-Lywodraeth. Credaf hefyd er ei bod yn bosibl ennill mwyafrif y genedl i gredu yn un peth—

os gallwn, fel rhai sydd yn rhyw fath o arwain, ddod o hyd i 'Lwyfan Cyffredin'. Sosialwr ydwyf—yn casau cenedlaetholdeb cul—er hynny yn credu fod gan genhedloedd bach gyfraniad mawr i'w wneud tuag at wella 'briwiau dynoliaeth'—[ond ei] fod yn amhosibl i'r gwledydd bach wneud eu cyfraniad heb fesur helaeth iawn o hunan lywodraeth.

Nid oedd cysylltiad fel hwn â'r Blaid mor anarferol â hynny, oherwydd grŵp gwasgedd oedd Plaid Cymru yn y cyfnod dan sylw a dim ond yn sgil yr Ail Ryfel Byd y tyfodd yn blaid wleidyddol go iawn. Hwyrach mai nod Huw T. oedd denu aelodau blaengar y Blaid i ymuno â'i Blaid Sosialaidd Gymreig.

32 Huw T. Edwards yng nghwmni Jim Griffiths A.S. yn Eisteddfod Genedlaethol Bae Colwyn, 1947.

Wedi'r Rhyfel, a Llafur mewn grym, cafwyd newid yn safbwynt Huw T. Edmygai yn fawr y Llywodraeth Lafur a etholwyd ym 1945 a chredai fod arno ddyletswydd i gefnogi, orau y gallai, ei pholisïau. Gan ei fod yn adnabod llawer o wleidyddion dylanwadol yn y llywodraeth ac yn y Blaid Lafur yn gyffredinol, gallai hefyd geisio dylanwadu arnynt. At ei gilydd, nid oedd gan y llywodraeth gydymdeimlad â dyheadau'r rhai a ddadleuai o blaid trosglwyddo mwy o rym i Gymru. Ym 1946 gwrthodwyd cynnig gan y Blaid Seneddol Gymreig y dylai Cymru gael Ysgrifennydd Gwladol, ond ni fu hynny'n siom i Huw T. Mewn memorandwm yn dwyn y teitl *The Problem of Wales* a anfonodd at Morgan Phillips, Ysgrifennydd Cyffredinol y Blaid Lafur, ym mis Medi 1946, honnodd fod modd cyfiawnhau penderfyniad y Cabinet i wrthod y cais am Ysgrifennydd Gwladol. Er hynny, credai ei fod yn angenrheidiol i'r llywodraeth gydnabod bod Cymru yn wlad a chanddi ei hiaith, ei diwylliant a'i thraddodiad ei hun. Honnai fod gan Gymru 'broblem seicolegol' yn ymwneud â'i hymdeimlad cryf o genedligrwydd. Y feddyginiaeth, yn ei dyb ef, oedd sicrhau bod Cymru yn cael ei thrin fel uned wleidyddol. Yn hytrach na chael Ysgrifennydd Gwladol, dylid penodi Comisiynydd dros Gymru, a phwyllgor ymgynghorol i'w gynorthwyo. Byddai gan y Comisiynydd yr hawl i fynd yn uniongyrchol at y Cabinet heb orfod ymgynghori â'r gwasanaeth sifil, ac yn sgil ei swyddogaeth ddeublyg gallai gyfleu i'r Cabinet anghenion Cymru a chyflwyno i bobl Cymru farn y Cabinet ar faterion arbennig. Yr oedd Huw T. hyd yn oed yn fodlon rhoi enw gerbron ar gyfer swydd y Comisiynydd, sef William Jones (Syr William Jones yn ddiweddarach), clerc cyngor sir Ddinbych ac un o'r dynion mwyaf dylanwadol ym myd llywodraeth leol yng Nghymru ar y pryd. Byddai ef a Huw T. yn cydweithio'n agos yn ystod y blynyddoedd dilynol.

Y mae'n amlwg na chafodd memorandwm Huw T. groeso brwd gan y Blaid Lafur yn ganolog. Y mis canlynol, yn ystod y Ddadl Gymreig yn Nhŷ'r Cyffredin, cyhoeddwyd nad oedd y llywodraeth yn derbyn y dadleuon o blaid datganoli a'r unig gonsesiynau a gynigiwyd oedd cyhoeddi Papur Gwyn blynyddol ar weithrediadau'r llywodraeth yng Nghymru a sefydlu pwyllgor o brif weision sifil adrannau'r llywodraeth yng Nghymru. Nid oedd hyn yn plesio Huw T. ac fe'i hysgogwyd i ysgrifennu'n uniongyrchol at Arglwydd Lywydd y Cyngor, Herbert Morrison ac, ar 16 Rhagfyr, at y Prif Weinidog, Clement Attlee, ei hun. Yn ei lythyr at Attlee eglurodd ei safbwynt yn glir ac yn groyw:

> I am a Welshman with the conviction that true Socialism means not only inter-national Brotherhood, but also the right of each Nation to make its own contribution in its own way to the total pool of human happiness.

Cadarnhaodd ei fod yn gwrthwynebu'r syniad o gael Ysgrifennydd Gwladol i Gymru, ond yr oedd hefyd yn gwrthod credu y byddai'r llywodraeth yn peidio ag ymateb yn gadarnhaol i ofynion rhesymol pobl Cymru. Ofnai fod llawer o Gymry yn credu nad oedd gan y llywodraeth unrhyw awydd i werthfawrogi na deall eu problemau arbennig hwy. Ni chredai Huw T. fod pwyllgor o weision sifil yn dderbyniol; yn hytrach, tybiai y dylid penodi ysgrifenyddion seneddol i ymdrin ag addysg, amaeth-yddiaeth ac iechyd yng Nghymru. Dylid hefyd sefydlu gweinyddiaeth Iechyd ac Amaeth, yn unol â phatrwm y Weinyddiaeth Addysg, a chanddynt gyswllt uniongyrchol â'r gweinidog. Yr oedd angen hefyd Bwyllgor Ymgynghorol gyda swyddfeydd yng Nghaerdydd.

Er na dderbyniwyd ei syniadau ar y pryd, parhaodd Huw T. i ddadlau ei achos. Ym mis Mehefin 1947 anfonodd gynnig at Gyngor Rhanbarthol Llafur Cymru, corff yr oedd yn aelod ohono, yn amlinellu syniadau tebyg. Trafodwyd y cynnig yn fanwl ac ymgorfforwyd ei syniadau mewn dogfen yn dwyn y teitl *Democratic Devolution in Wales*, a luniwyd gan Cliff Prothero, Ysgrifennydd y Blaid Lafur yng Nghymru. Yr oedd Huw T. yn aelod o'r ddirprwyaeth a gyfarfu â Herbert Morrison ar 29 Hydref 1948 i drafod datganoli. Canlyniad hyn oedd i'r llywodraeth gytuno i sefydlu Cyngor Ymgynghorol, y mesur lleiaf annerbyniol o safbwynt y Cabinet.

Pan sefydlwyd Cyngor Cymru a Mynwy ym 1949 cafodd ei feirniadu'n hallt gan y wasg a gwleidyddion o bob plaid oherwydd ei ddiffyg grym, ei gyfrinachedd (cynhelid y cyfarfodydd y tu ôl i ddrysau caeedig) a'r ffaith mai aelodau enwebedig ac nid etholedig a geid yn ei rengoedd. Yn ôl y Llafurwr blaenllaw Jim Griffiths, Huw T. a achubodd y dydd gan mai ef, ar argymhelliad Griffiths ei hun, a benodwyd yn gadeirydd y Cyngor. Trwy rym ei bersonoliaeth a'r ffaith ei fod yn gymeradwy i ystod eang o bobl Cymru, llwyddodd i ddatblygu hygrededd y Cyngor a dyrchafu ei statws. Yn ystod y pumdegau bu Cyngor Cymru a Mynwy yn gyfrifol am fraenaru'r tir ar gyfer datblygiadau eraill ym maes datganoli yng Nghymru.

Rhoes cadeiryddiaeth y Cyngor gryn statws i Huw T. ei hun hefyd. Tyfodd ei ddylanwad wrth i'r wasg a'r cyhoedd yn gyffredinol roi sylw cynyddol i'w ddatganiadau ar faterion y dydd. Achosodd ei bamffled ymfflamychol *They went to Llandrindod* gryn gyffro pan y'i cyhoeddwyd ar Ddydd Gŵyl Dewi 1951. Cyfeiriai'r teitl at gyfarfod a gynhaliwyd gan Undeb Cymru Fydd yn Llandrindod ar 1 Gorffennaf 1950 er mwyn sefydlu Ymgyrch Senedd i Gymru. Yn ogystal â gwŷr a gwragedd amlwg ym mywyd cyhoeddus y genedl, mynychwyd y cyfarfod gan gynrychiolwyr swyddogol o bob plaid, ac eithrio'r Blaid Lafur a'r Blaid Geidwadol. Ni fu, ac nid yw, y Blaid Lafur yn or-hoff o fudiadau amlbleidiol, a phenderfyniad Cyngor Rhanbarthol Llafur Cymru oedd peidio â chydweithredu â'r mudiad newydd nac anfon cynrychiolwyr i'r cyfarfod. Safbwynt y Cyngor oedd mai dim ond trwy'r mudiad llafur y gellid gweithredu er budd Cymru. Fodd bynnag, mynychwyd y cyfarfod yn Llandrindod gan S. O. Davies, Aelod Seneddol Merthyr Tudful, a daeth cnewyllyn o Aelodau Seneddol Llafur eraill hefyd yn gefnogwyr maes o law, gan ennyn

33 Herbert Morrison yn cyhoeddi sefydlu Cyngor Cymru a Mynwy ym 1949. Huw T. Edwards yw'r Cadeirydd.

34 Clawr y pamffled dadleuol, *They went to Llandrindod*, 1951.

dicter y Blaid Lafur. Y mae'n amlwg fod aelodau blaenllaw y Blaid Lafur yn bur anesmwyth oherwydd y gefnogaeth eang a brwdfrydig a gafodd y mudiad newydd. Rhaid oedd taro'n ôl a'r canlyniad oedd pamffled Huw T., *They went to Llandrindod.*

Cymysgedd o syniadau, honiadau a hyd yn oed atgofion a geid yn y pamffled pryfoclyd hwnnw. Dechreuodd Huw T. drwy honni nad oedd ystyr i gariad at wlad os nad oedd y cariad hwnnw'n ymestyn i gynnwys y bobl a oedd yn byw ynddi, a gorffennodd drwy honni mai Plaid Cymru oedd yr unig brif rwystr i 'Undod Cymru'. Yn ei dyb ef, yr oedd angen wynebu problemau Cymru'r presennol a'r dyfodol yn hytrach na chyfeirio yn ôl byth a beunydd at ddadleuon hesb y gorffennol. Dadleuodd fod Cymru wedi elwa ar lwyddiant y Llywodraeth Lafur a ddaethai i rym ym 1945, a chyfeiriodd at y trawsnewidiad a fu yn economi'r wlad o'i gymharu â'r tlodi a'r diweithdra a nodweddai'r cyfnod rhwng y ddau Ryfel Byd. Yr oedd yn argyhoeddedig mai gweithred hynod beryglus fyddai torri'r cysylltiad economaidd rhwng Cymru a Lloegr. Honnodd mai'r Blaid Lafur, yn hytrach na'r pleidiau a fynychodd y cyfarfod yn Llandrindod, a oedd yn cynrychioli barn pobl Cymru orau, a chynhwysodd ystadegau etholiadol i brofi hynny. Pe ceid senedd, meddai, byddai aelodau o ardaloedd poblog Morgannwg a Mynwy yn ei rheoli ac ni fyddai modd sicrhau deddfwriaeth gadarn i gefnogi'r iaith Gymraeg heb gytundeb y mwyafrif di-Gymraeg hwnnw. Ni thybiai fod ysgolion Cymraeg—y 'cestyll Cymreig'—yn ateb i broblemau'r iaith, a byddai'n well ganddo pe na ddefnyddid y Gymraeg at bwrpas gwleidyddol. Yn ei dyb ef, yr oedd angen Siarter Iaith a fyddai'n dod â'r Cymry Cymraeg a'r di-Gymraeg at ei gilydd.

Ceid llawer o syniadau eraill yn y pamffled diddorol hwn, ond y mae'n bur amlwg mai ei fwriad pennaf oedd ymosod ar Blaid Cymru. Tybiai mai un o'r camgymeriadau mwyaf yn hanes Cymru fodern oedd sefydlu'r Blaid Genedlaethol ac mai amgenach peth fyddai i aelodau'r Blaid weithio trwy'r pleidiau eraill yn lle bodloni ar brotestiadau. Bu'n dra

angharedig wrth Gwynfor Evans, Llywydd Plaid Cymru;
barnai ei fod '. . . yn rhy fwyn, rhy hygar, ie, a rhy hawddgar
i lwyddo yn ei arweinyddiaeth wleidyddol'.

Yn ôl ei dystiolaeth ef, yr oedd oddeutu 6 y cant o bobl
Cymru o blaid ymreolaeth, tua 18 y cant o blaid Senedd
megis eiddo Gogledd Iwerddon, 56 y cant dros fwy o
ddatganoli nag a geid y pryd hwnnw, a 20 y cant yn fodlon
â'r sefyllfa bresennol. Nid oedd sail, felly, i'r galwadau a
ddeuai o du Plaid Cymru na'r Ymgyrch dros Senedd i
Gymru. Ei feddyginiaeth ef oedd Siarter yn cynnwys
deuddeg pwynt. Ymhlith y rhain yr oedd dewis prifddinas,
cynnal cyfarfod am dridiau bob blwyddyn pryd y gallai
Aelodau Seneddol Cymru, cynrychiolwyr awdurdodau lleol
a mudiadau crefyddol a diwylliannol y genedl, gyd-gyfarfod i
drafod materion Cymreig, datblygu'r gwasanaeth sifil yng
Nghymru, a sefydlu amryw o bwyllgorau i drafod materion
megis yr economi a'r celfyddydau.

Nid oedodd Gwynfor Evans yn hir cyn ymateb i gynnwys
y pamffled. Mewn araith a draddodwyd yng Nghastell-nedd,
dywedodd yn goeglyd: 'Llenwi posau croesair yw difyrrwch
rhai yn eu horiau hamdden ond difyrrwch amlwg Mr. Huw
T. Edwards yw llunio polisïau i Gymru. Mae ganddo
athrylith i hyn a lluniodd ddegau yn ei amser, pob un yn
wahanol i'w gilydd . . . Dichon y bydd ganddo bamffled a
pholisi arall ymhen y rhawg.' Yr oedd llawer o wirionedd yn
y sylw gwatwarus hwn. Nid oedd y pamffled *They went to
Llandrindod* yn ddim namyn enghraifft arall o Huw T. yn
doethinebu ar faterion y dydd ac yn cynnig ei feddyginiaeth
bersonol i afiechydon y genedl. Anodd deall paham y
lluniodd Huw T. y fath bamffled a dichon fod yr ateb i'w
ganfod drwy iawnddeall cyd-destun gwleidyddol y cyfnod
hwnnw. Ysgrifennwyd *They went to Llandrindod* mewn
cyfnod byr rhwng dau etholiad cyffredinol. Er i'r Blaid Lafur
ennill etholiad 1950, yr oedd ei mwyafrif yn fregus a byddai
galw etholiad arall ym 1951 bron yn anorfod. Yr oedd
llwyddiant cymharol y cyfarfod yn Llandrindod yn her i
awdurdod y Blaid Lafur yng Nghymru a diau fod aelodau

blaenllaw o'r Mudiad Llafur yng Nghymru wedi dwyn perswâd ar Huw T. i lunio'r pamffled.

Bu cryn feirniadu ar Huw T. oherwydd ei ddiffyg cysondeb ac y mae'n amlwg ei bod yn edifar ganddo lunio'r fath bamffled. Nid yw'n cyfeirio ato yn ei hunangofiant ac, yn ôl ei gyfaill Tom Jones, llosgodd bob copi y daeth ar ei draws. Ymhen dwy flynedd ar ôl cyhoeddi *They went to Llandrindod*, yr oedd wedi newid ei farn unwaith eto. Mewn cyfarfod yn Y Rhyl ym mis Awst 1953, honnodd:

> Ni all Cymru fyth obeithio dod yn wlad lle y gall ei thrigolion fyw bywyd teilwng, hyd oni chaiff yr hawl i lywodraethu ei materion ei hun.

Gwnaed ef yn Is-Lywydd yr Ymgyrch dros Senedd i Gymru a bellach eisteddai yng nghwmni'r rhai y bu'n eu beirniadu'n hallt ychydig flynyddoedd ynghynt. Awgryma hyn oll mai eithriad yng ngyrfa wleidyddol Huw T. oedd *They went to Llandrindod*; ymateb ydoedd i bwysau gwleidyddol arbennig a fodolai ar y pryd.

Ar ôl i'r Ceidwadwyr ennill etholiad cyffredinol 1951, bu rhyfela mewnol yn rhengoedd y Blaid Lafur rhwng cefnogwyr Aneurin Bevan—y 'Bevanites'—ac adain dde y blaid dan arweinyddiaeth Hugh Gaitskell. Yn y cyfnod hwnnw collwyd y ddisgyblaeth a welwyd pan oedd y Blaid Lafur mewn grym ac yr oedd hynny yn sicr yn wir am Huw T. Bu hwn yn gyfnod o ryddid heb gyfrifoldeb o fewn y Blaid Lafur i Huw T. ac i eraill. Yr oedd yn haws o lawer iddo feirniadu ei blaid ei hun tra oedd honno'n wrthblaid ac o ganlyniad nid oedd ymuno â'r Ymgyrch dros Senedd i Gymru yn weithred mor fradwrus â hynny.

Yng nghanol y pumdegau dilynai'r rhai a hyrwyddai ddatganoli i Gymru ddau lwybr gwahanol. Caewyd un llwybr ym 1955 pan fethodd mesur uchelgeisiol S. O. Davies dros Senedd i Gymru ag ennill cefnogaeth aelodau Tŷ'r Cyffredin, ond ar yr un pryd yr oedd Cyngor Cymru yn parhau i ymgyrchu dros ei bolisi tymor hir, sef 'cydraddoldeb â'r Alban'. Sefydlwyd panel dan gadeiryddiaeth Syr William Jones i baratoi adroddiad ar weinyddiaeth y llywodraeth yng Nghymru. Canlyniad hyn oedd Trydydd Memorandwm y Cyngor a argymhellai y dylid trosglwyddo'r cyfrifoldeb o weinyddu nifer helaeth o ddyletswyddau i ddwylo Ysgrifennydd Gwladol dros Gymru. Gwrthodwyd yr argymhelliad gan lywodraeth Harold Macmillan, ond am gyfnod ym 1957 bu'r llywodraeth yn ystyried cynnig gan Huw T. y dylid galw'r Gweinidog dros Faterion Cymreig, sef Henry Brooke y pryd hwnnw, yn Ysgrifennydd Gwladol, er mai ysgrifennydd gwladol mewn enw yn unig a fyddai. Gwyddai Huw T. yn dda pe gellid sefydlu'r enw y byddai pwerau ychwanegol yn sicr o ddod yn sgil hynny. Er bod Huw T. yn bersonol wedi ceisio argyhoeddi'r Prif Weinidog o rinweddau'r cynllun, ildiodd Macmillan i ddadleuon y gweision sifil a'r Ysgrifennydd Cartref, R. A. Butler, mai cam gwag fyddai iddo gydsynio â'r cais. Yn hytrach, penodwyd D. P. Lewis, Ceidwadwr di-nod, yn Weinidog Gwladol â gofal am Gymru; fe'i dyrchafwyd yn Arglwydd Brecon a'i 'alltudio' i Dŷ'r Arglwyddi.

Yn ystod y deng mis rhwng Hydref 1958 ac Awst 1959 cyrhaeddodd Huw T. awr anterth ei yrfa wleidyddol. Cyn edrych ar ddigwyddiadau cyffrous y cyfnod hwnnw, y mae'n werth bwrw golwg yn gyntaf dros yr hinsawdd wleidyddol ar y pryd ac ar y dylanwadau personol ar Huw T. ei hun. Yn ystod y pumdegau dechreuodd Huw T. ymwneud â chylch newydd o gyfeillion. Ar ôl ymddeol o'i swydd gyda'r undeb ym 1953 nid oedd Huw T. yn ymwneud o ddydd i ddydd â'i swyddogion. Parhaodd ei gyfeillgarwch â Tom Jones a'i wraig Rosa, ond nid oedd y cysylltiad mor agos ag y bu, yn enwedig wedi iddo symud o Shotton i Sychdyn, ger Yr Wyddgrug, ym 1957. Treuliai fwy o'i amser ymhlith cenedlaetholwyr pybyr fel Haydn Williams, cyfarwyddwr addysg sir y Fflint, a'i ddirprwy Moses Jones. Ymwelai'n gyson â phrifathro ysgol leol, Ceiriog Williams, a phrifathrawes ysgol Cyfronnydd, yr awdures Dyddgu Owen. Yn bennaf oll, ac yntau'n dechrau cael blas ar farddoni,

35 Yr Archdderwydd Dyfnallt yn derbyn Huw T. Edwards i Orsedd Beirdd
Ynys Prydain ym 1954.

daeth yn gyfaill agos â'r prifeirdd Gwilym R. Jones a Mathonwy Hughes. Byddai'r tri hyn ac, yn ddiweddarach, Rhydwen Williams yn cyfarfod yn gyson i drafod a chyfansoddi barddoniaeth. Byddent hefyd yn trafod materion y dydd ac yn enwedig gyflwr y genedl. Yr oedd Gwilym R. Jones yn olygydd *Y Faner* ar y pryd a Mathonwy Hughes yn ohebydd i'r papur. Yr oedd y ddau hefyd yn genedlaetholwyr digyfaddawd ac yn naturiol ddigon, yr oedd pwysau cynyddol ar Huw T. i amddiffyn safbwynt eithaf llugoer ei blaid at ddyheadau'r mudiad cenedlaethol yng Nghymru. Hawdd gweld sut y llwyddodd ei gyfeillion newydd i ddylanwadu arno.

Cyfeiriwyd eisoes at fethiant mesur S. O. Davies ac ymateb tila'r llywodraeth at Drydydd Memorandwm Cyngor Cymru. Yr oedd hwn, felly, yn gyfnod rhwystredig i Gymry gwladgarol megis Huw T. Dyma gyfnod y protestio mawr yn erbyn boddi Cwm Celyn. Nid oedd Cymro gwerth ei halen na theimlai ddicter at anghyfiawnder Tryweryn ac yr oedd methiant ymdrechion Huw T. a gwleidyddion eraill Cymru yn yr achos hwnnw yn arwydd o'u hanallu i warchod buddiannau Cymru.

Yr oedd Huw T. yn ymwybodol o'r ffaith ei fod yn cael ei ystyried yn un o arweinyddion pwysicaf y genedl. Ac yntau'n Gadeirydd Cyngor Cymru a Bwrdd Croeso Cymru yn ystod cyfnod Gŵyl Cymru 1958, yr oedd yn ffigur o bwys. Gwyddai fod datganiadau ac areithiau o'i eiddo yn denu sylw'r wasg a bod llywodraeth y dydd hefyd yn rhoi sylw i'w farn. Ac yntau bob amser yn awyddus i wneud ei orau dros ei wlad, yr oedd cryn bwysau arno i weithredu. Edmygai safiadau arwrol a wnaed gan arweinwyr cenedlaethol Cymru dros y canrifoedd ac yr oedd ef ei hun hefyd yn awr yn barod i wneud safiad.

Yn Hydref 1958, mewn cynhadledd ddramatig i'r wasg, cyhoeddodd Huw T. ei ymddiswyddiad o gadeiryddiaeth Cyngor Cymru. Gobeithiai y byddai ei weithred yn ysgwyd y llywodraeth ac yn ysbrydoli eraill yng Nghymru i weithredu. Wrth ymddiswyddo cyflwynodd ei resymau mewn datganiad yn dwyn y teitl, *Why I Resigned*. Ynddo mynegodd ei anfodlonrwydd at agwedd y llywodraeth at Gymru:

> Ar ôl blynyddoedd lawer o geisio gweithio dros Gymru yn gyffredinol, fe'm gorfodir er fy ngwaethaf i'r casgliad nad oes gan y Llywodraeth Ganolog yn Llundain, gysgod gobaith am fod yn abl i fynd i'r afael o ddifrif â phroblemau Cymru oni ddigwyddo troedigaeth sylfaenol yn agwedd y Llywodraeth Ganolog honno ei hun tuag at y Cyngor a thuag at Gymru . . . Nid oes llygedyn o obaith i Whitehalliaeth fyth ddeall dyheadau'r Cymry, ac felly ni allaf o gydwybod barhau'n Gadeirydd y Cyngor nac yn aelod ohono. Byddai'n well i'r Cyngor gael ei arwain gan rywun a chanddo ffydd yn y peirianwaith presennol.

Er y cyffro ar y pryd, sut bynnag, ni chafodd ymddiswyddiad Huw T. fawr o effaith ar y llywodraeth a phenodwyd Henry Brooke yn olynydd iddo fel Cadeirydd Cyngor Cymru. Fodd bynnag, edmygwyd safiad Huw T. gan Gymry o bob plaid ac am y tro tynnwyd sylw'r wasg yn Llundain at broblemau'r genedl.

Pan oedd Huw T. yn gadeirydd Cyngor Cymru fe'i hystyriai ei hun yn un o arweinyddion naturiol y genedl, ond wedi ei ymddiswyddiad yr oedd yn ofynnol iddo chwilio am ffyrdd ymarferol eraill o fod yn geffyl blaen. Yn ôl ei gyfaill Gwilym R. Jones, yn ei golofn 'Ledled Cymru' (dan y ffugenw 'Mignedd') yn *Y Faner* yn Rhagfyr 1958, yr oedd y 'newyddanedig' Huw T. '. . . yn ormod o genedlaetholwr i fod yn gartrefol iawn gyda'i gyd-sosialwyr yn San Steffan, ac . . . yn ormod o wleidydd y Chwith i fod yn hollol hapus gyda'r cenedlaetholwyr. Fe gerdd HT ryw dir canol rhwng y ddwy blaid yn awr, ac ni wyddom ni pa wedd a fydd iddo pan ddaw o'r anialwch hwn'.

Yr oedd Huw T. eisoes wedi cefnu ar y syniad o sefydlu Ysgrifennydd Gwladol drwy ddweud y byddai'n ymdrechu i

berswadio Cymru fod 'taer angen' senedd. Yn gynnar yn
1959, mewn erthygl yn yr *Empire News*, galwodd am
sefydlu cynhadledd ddwyieithog o bobl Cymru a oedd yn
credu bod yr amser yn addas i sefydlu senedd yng Nghymru
heb ganiatâd Sain Steffan. Daeth y syniad hwn yn sgil
llwyddiant cymharol y gynhadledd ar bwnc Tryweryn, lle y
bu Huw T. ei hun yn gadeirydd, a gynhaliwyd yng
Nghaerdydd yng Ngorffennaf 1958. Ceir adlais hefyd o'r
dulliau a ddefnyddiwyd gan Gandhi a'i gyd-genedlaetholwyr
yn India. Ysywaeth, heb gefnogaeth y mudiad Llafur, ni
fyddai'r fath gynllun yn debyg o lwyddo ac nid oedd unrhyw
arwydd fod y Blaid Lafur yn gyffredinol yn ffafrio sefydlu
senedd. Yn wir, datganoli gweinyddol a sefydlu Swyddfa
Gymreig dan ofal Ysgrifennydd Gwladol oedd y polisi a
fabwysiadwyd gan y blaid honno ym 1959.

Fodd bynnag, yn ystod saith mis cyntaf 1959, bu Huw T.
wrthi yn ceisio trefnu cynhadledd 'o frodyr da eu gair' a
hyrwyddo'i syniad mewn areithiau ledled Cymru. Ar yr un
pryd cynyddodd ei gysylltiadau â Phlaid Cymru. Bu'n
gohebu ag Emrys Roberts, dirprwy ysgrifennydd y Blaid a
gŵr a oedd hefyd yn gwthio syniadau radical a sosialaidd
ymhlith ei gyd-aelodau. Ar 14 Chwefror 1959 cyfarfu Huw
T. â dirprwyaeth o Blaid Cymru a oedd yn cynnwys Gwynfor
Evans a Dr. R. Tudur Jones. Ceisiwyd ei berswadio i ymuno
â'r Blaid yn hytrach na pharhau i wthio'r syniad o
gynhadledd amlbleidiol. Drannoeth ysgrifennodd Gwynfor
Evans at Huw T., gan ddweud:

> Cawsoch fywyd anghyffredin o lawn a ffrwythlon, ac yn
> y blynyddoedd diwethaf hyn daethoch yn arweinydd
> Cymru. Gweithred deilwng o arweinydd di-hunan oedd
> ymddeol o gadair y Cyngor Ymgynghorol, gan roi ergyd
> drom i reolaeth Whitehall ar ein gwlad. Rhan hanfodol
> o'r rheolaeth honno yw'r pleidiau mawr a wasanaetha
> Loegr mor ffyddlon, heb wasanaethu Cymru o gwbl.
> Credaf eich bod ers tro wedi gweld eu lle yn y drefn, gan
> anobeithio am weithredu'n effeithiol dros Gymru

trwy'r un ohonynt. Daethom i'ch cyfarfod am ein bod wedi ein hargyhoeddi mai cam rhesymegol nesaf un a enillodd ymddiriedaeth gwlatgarwyr Cymru fel arweinydd yw ymuno â Phlaid Cymru. Ni ellir amau nad yw'r rhan fwyaf o'r egnïon sy'n gweithio dros barhad y genedl yn y Blaid hon, a byddai ychwanegu atynt mewn ffordd drawiadol ynddo'i hun yn prysuro proses yr aeddfedu sydd mor amlwg yng Nghymru y misoedd hyn.

Byddai'r gost ichwi yn drwm, ond byddai'n ddatblygiad naturiol a geidw impetus eich arweiniad, ac a grynhoa i bwynt amcan mawr eich bywyd gan roi lês newydd iddo. Yn y mudiad hwn y mae'r ieuenctid (fi yw'r hynaf o'i ymgeiswyr); ynddo mae bywyd a gobaith yn blaguro. Wrth ymdaflu iddo byddwch ar ochr bywyd a gobaith i Gymru. Yma bellach y cyflawnir amcan eich bywyd.

Ond parhau i hybu ei gynlluniau ei hun a wnâi Huw T. yn ystod misoedd yr haf. Ei fwriad oedd galw'r gynhadledd ar ddydd Sadwrn ym mis Medi, gan hysbysebu'r trefniad ym mis Gorffennaf. Fodd bynnag, chwalwyd ei gynlluniau gan streic argraffwyr a throdd ei olygon at ddull arall o weithredu, sef sefydlu mudiad i hyrwyddo'r syniad o sefydlu 'Senedd ar dir Cymru'. Ysgrifennodd at Gwynfor Evans ar 19 Gorffennaf fel a ganlyn:

Mudiad sydd gennyf yn fy meddwl yn tebygu i'r hen ILP, nid i redeg ymgeiswyr am Senedd Prydain ond i greu Senedd ar dir Cymru, ac i gefnogi yn llwyr ymgeisiaeth y rhai fydd yn ymladd am Seddau yn Senedd Prydain, a fydd ar yr un pryd yn gosod ger bron eu hetholwyr yn eu polisi mai Statws Dominiwn yw y nod.

Y Blaid yw'r unig fudiad gwleidyddol yng Nghymru a all fod ar ei hennill o'r symudiad yma, os y tyf fel y gobeithiaf fe ddylasai ysgwyd dipyn ar bethau!

Buasai cenedlaetholwyr yn dadlau bod mudiad felly yn
bodoli eisoes, sef Plaid Cymru, ond yr oedd gan Huw T.
amheuon ynglŷn â doethineb Plaid Cymru yn ymladd
etholiadau seneddol ac yr oedd yr amheuon hynny i godi
droeon ar ôl iddo ymuno â'r Blaid. Mewn gwirionedd, yr
oedd dau syniad Huw T., sef sefydlu senedd heb awdurdod a
chreu mudiad newydd, yn syniadau uchelgeisiol ond cwbl
anymarferol. Gan ei fod yn argyhoeddedig mai ei brif nod
gwleidyddol bellach oedd sefydlu senedd, y dewis gerbron
Huw T. oedd naill ai parhau i geisio defnyddio ei ddylanwad
o fewn plaid gref ond un a chanddi agwedd lugoer at ei
syniadau neu ymuno â phlaid fechan a gredai mewn hunan-
lywodraeth. Yr oedd yn hwyr bryd iddo fwrw'i goelbren.

Yr oedd cyhoeddiad Huw T. yn ystod wythnos Eisteddfod
Caernarfon 1959 ei fod am adael y Blaid Lafur ac ymuno â
Phlaid Cymru yn syndod i lawer. Y mae rhesymau da dros
gredu nad oedd wedi bwriadu gwneud y fath gyhoeddiad ar
yr adeg hon ac nad oedd wedi ystyried holl oblygiadau ei
benderfyniad. Y noson cyn y cyhoeddiad yr oedd wedi siarad
ar y ffôn â'r gwas sifil John Clement a fu'n llaw dde iddo tra
oedd yn gadeirydd Cyngor Cymru. Yn ôl John Clement, yr
oedd Huw T. yn ansicr beth oedd am ei ddweud yn y
cyfarfod drannoeth ac ni soniodd ei fod am ymuno â Phlaid
Cymru. Anodd credu na fyddai Huw T. wedi ymddiried yn ei
hen gyfaill. Y mae'n amlwg hefyd nad oedd arweinyddiaeth
Plaid Cymru wedi ei rhaghysbysu o'r cyhoeddiad. O ystyried
y ffordd y rhagdrefnwyd cyhoeddiad ei ymddiswyddiad o
Gyngor Cymru yn Hydref 1958, gellid disgwyl y byddai wedi
rhagbaratoi ar gyfer ei gyhoeddiad yn yr achos hwn hefyd,
onid penderfyniad munud olaf ydoedd.

Ni cheir fawr ddim goleuni pellach ar y digwyddiad yn ei
gyfrol hunangofiannol *Troi'r Drol.* Honnodd iddo
ymddiswyddo o'r Blaid Lafur yn sgil dadl â'r Aelodau
Seneddol Llafur James Idwal Jones, T. W. Jones, George
Thomas a Tudor Watkins, a ddigwyddodd yng ngwesty'r
Harlingford, Llundain, ond ni chyfeiriodd o gwbl at ei
gyhoeddiad yn y cyfarfod hanesyddol hwnnw yng

Nghaernarfon. Ar y llaw arall, yr oedd Huw T. wedi ystyried torri ei gysylltiad â'r Blaid Lafur ers rhai misoedd, a hyd yn oed cyn i'r ddirprwyaeth o Blaid Cymru ymweld ag ef yn Chwefror 1959. Mewn pamffled yn dwyn y teitl *Why Nationalist?*, a gyhoeddwyd gan Blaid Cymru ym 1961, dywedodd mai profiad arteithiol oedd ymadael â'r Blaid Lafur ond ei fod wedi gwneud hynny oherwydd:

> Freedom for all other Nations, leaving my own without the slightest right to express itself, offends my socialist vision.

Efallai fod llif digwyddiadau wedi ei arwain yn anorfod at ymuno â Phlaid Cymru ond nad oedd wedi gwneud y penderfyniad tyngedfennol nes iddo godi ar ei draed yn y cyfarfod cofiadwy hwnnw yng Nghaernarfon.

36 Cartŵn yn dychanu syniad Huw T. Edwards o sefydlu Senedd i Gymru heb ganiatâd Sain Steffan. *The South Wales Echo*, 28 Awst 1959.

Yn sgil y weithred, bu arweinwyr Llafur yn ei feirniadu a chefnogwyr Plaid Cymru hwythau yn ei gymeradwyo am ei ddewrder. 'Jiwdas' ydoedd, yn ôl un Llafurwr rhonc, ond yn nhyb Gwynfor Evans, yr oedd tröedigaeth Huw T. yn 'glimacs rhesymegol i'w bererindod fel Cymro onest, gwlatgar'. Credai aelod blaenllaw arall o Blaid Cymru ar y pryd, Elystan Morgan, 'mai dyma'r digwyddiad pwysicaf yn ein hanes yn ystod yr ugain mlynedd diwethaf. Mae'n dangos fod yr apêl at ein cyd-wladwyr i roddi cenedl o flaen Plaid yn llwyddo.' Y mae'n eironig fod Elystan Morgan yntau, chwe blynedd yn ddiweddarach, wedi gadael Plaid Cymru ac ymuno â'r Blaid Lafur.

Y mae'n anodd mesur dylanwad tröedigaeth Huw T. Achosodd ei safiad rywfaint o gyffro ym mywyd gwleidyddol Cymru ac, o safbwynt Plaid Cymru, cafwyd cynnydd yn nifer yr aelodau a dychwelodd ambell ddafad golledig i'r praidd. Fodd bynnag, yn y tymor byr o leiaf ni welwyd cynnydd yn y gefnogaeth ymhlith pleidleiswyr Cymru. Bu Huw T. yn siarad ar lwyfannau'r Blaid yn ystod etholiad cyffredinol Hydref 1959, ond siomedig iawn fu'r canlyniad i'r Blaid. Yn ôl ei hen gyfaill T. W. Jones, Aelod Seneddol Meirionnydd, bu ymyrraeth Huw T. o gymorth i'r Blaid Lafur a swatio ar waelod y pôl a wnaeth Gwynfor Evans, ymgeisydd y Blaid. Er bod Aelod Seneddol Caernarfon, Goronwy Roberts, yn tybio bod cefnogaeth Huw T. i Blaid Cymru yn 'gyllell yn ei gefn', ni chafodd fawr ddim trafferth i gadw ei sedd. Parhaodd y Blaid Lafur i lywodraethu gwleidyddiaeth Cymru er i'r Ceidwadwyr ennill yr etholiad.

Yn sgil methiant Plaid Cymru i ennill tir yn yr etholiad, cafwyd cyfnod o ansicrwydd o fewn y Blaid. Bu cryn ymgecru yn ei rhengoedd yn ystod y blynyddoedd rhwng 1960 a 1966, ac oherwydd methiant yr ymgyrch i amddiffyn Tryweryn troes rhai cenedlaetholwyr at dorcyfraith. Ar yr un pryd, o ganlyniad i ddarllediad enwog Saunders Lewis, 'Tynged yr Iaith' ym 1962, ffurfiwyd mudiad protest newydd, sef Cymdeithas yr Iaith Gymraeg. Enwebwyd Huw T. yn llywydd cyntaf y mudiad hwn a daniodd ddychymyg cenhedlaeth o bobl ifainc. Ond o fewn y Blaid ei hun bu cweryla parhaus rhwng aelodau ifainc, lawer ohonynt yn hanu o gymoedd y de, a feirniadai arweinyddiaeth draddodiadol y Blaid, a ffurfiwyd y *New Nation Group* i hyrwyddo eu hachos.

Bu hwn yn gyfnod rhwystredig i Huw T. hefyd. Er ei groesawu'n frwd, ni chafodd le amlwg yn arweinyddiaeth y Blaid. Y mae'n wir nad oedd ganddo'r hawl i ddisgwyl hynny, ond o gofio ei ddylanwad a'i brofiad helaeth o wleidydda, efallai y byddai wedi bod yn ddoeth i'r Blaid wneud gwell defnydd o recriwt mor adnabyddus. Nid oedd Huw T. yn fodlon â threfniadaeth y Blaid gan ei bod mor ddibynnol ar amaturiaeth frwdfrydig yn hytrach na'r proffesiynoldeb profiadol y bu mor gyfarwydd ag ef yn y Blaid Lafur.

Ymhen blwyddyn iddo ymuno â Phlaid Cymru, yr oedd Huw T. wedi ailgydio yn ei hen syniadau. Mewn cyfarfod ym Mangor yn Ebrill 1960, honnodd fod y Blaid yn 'trigo' mewn 'paradwys ffŵl' ac y dylid 'ffurfio senedd yng Nghymru heb ganiatâd Llundain . . . deuai hyn â hunanbenderfyniad i Gymru yn fwy nag unrhyw weithred arall'. Mewn erthygl yn dwyn y teitl 'Sŵn deffro sy'n y gwynt' a gyhoeddwyd yn *Y Faner* yng Ngorffennaf 1960, cyfeiriodd at ddau syniad a oedd yn cael eu trafod yn gyffredinol yng Nghymru ar y pryd, sef a ddylid sefydlu byddin gudd a fyddai'n defnyddio dulliau terfysg neu sefydlu mudiad heddychlon yn unol ag esiampl Gandhi. Pleidiai Huw T. yr ail ddewis. Yn ei dyb ef, ni fu 'erioed fwy o barodrwydd i wneud safiad'.

Ym mis Hydref y flwyddyn honno, yn ystod rali a drefnwyd gan Blaid Cymru yn Aberystwyth, mynegodd ei rwystredigaeth unwaith yn rhagor:

> Golyga'r ffordd ymlaen, *fynd* ymlaen. Golyga ein bod yn dyfeisio ac yn darganfod dulliau newydd o orchfygu rhwystrau. Ddaw hi ddim trwy fod yn ddiymadferth a thawedog . . . Rhaid tynnu'r ewinedd o'r blew.

Fel y dangoswyd eisoes, gweithredwyd 'dulliau newydd' gan fudiadau newydd y tu mewn a'r tu allan i'r Blaid, ond nid oedd hynny'n ddigon i fodloni Huw T. Erbyn 1963 dadleuai'n gyhoeddus na ddylai'r Blaid ymladd etholiadau ac y dylai droi yn fudiad amhleidiol, tebyg i'r Ffabiaid. Ymateb Gwynfor Evans oedd: 'Efallai mai "hedfan kite" yr oedd Dr Edwards—dweud rhywbeth eithafol er mwyn ein gorfodi i roi ystyriaeth fwy difrifol i natur ein gwaith.'

Nid Huw T. oedd yr unig aelod o Blaid Cymru a gredai mai gwastraff egni oedd ymladd etholiadau. Yn Ebrill 1963 ysgrifennodd Islwyn Ffowc Elis, ffigur amlwg yn y Blaid yn y cyfnod hwnnw, lythyr maith at Gwynfor Evans yn dadlau o blaid peidio â sefyll yn yr etholiad seneddol nesaf. Yr oedd ymateb Gwynfor Evans i'r dadleuon hyn yn ddigyfaddawd. Credai mai edwino fyddai'r Blaid pe na bai'n ymladd etholiadau. Dyma, meddai, a ysbrydolai aelodau cyffredin y Blaid i ymgyrchu a heb y nod o ennill etholiadau, anodd fyddai cynnal eu brwdfrydedd:

> Os anogir peidio ag ymladd, fel y gwnai HTE, y mae'n rhaid cynnig ffordd arall o weithredu. Ffordd HTE oedd troi'r Blaid yn gymdeithas Ffabaidd. Ffordd SL [Saunders Lewis] oedd gweithredoedd nerthol. H.Y. anogent y Blaid i beidio â bod yn blaid wleidyddol. Os yw i barhau'n blaid wleidyddol, nid oes ddim yn fy marn i ond ymladd yn wleidyddol ar bob achlysur posibl.

Deuai'n fwyfwy amlwg erbyn diwedd 1963 fod Huw T. yn cilio o'r Blaid. Cafwyd awgrym cryf o hyn mewn adolygiad o'i gyfrol *Troi'r Drol*, a gyhoeddwyd yn rhifyn Tachwedd o'r *Ddraig Goch*. Dywedodd yr adolygydd: 'Enw Plaid Cymru sydd ar y drol ddiweddaraf, ond mae'r hen geffyl yn strancio eisoes, a 'does wybod pa bryd y bydd hithau oddi ar ei hechelydd ac yn ffraliwch ym môn y clawdd.'

Nid Huw T. oedd yr unig feirniad o fewn rhengoedd Plaid Cymru yn y cyfnod hwnnw, ond yr oedd ymhlith yr ychydig a droes ei gefn arni. Ac yntau wedi mynd heibio oed yr addewid, gallasai fod wedi ymddeol o wleidydda ond yr oedd yr ysfa i fod yn ffigur cyhoeddus ym mywyd y genedl yn parhau. Bu dylanwadau eraill arno. Atgyfnerthwyd y Blaid Lafur dan arweiniad ei hen gyfaill, Harold Wilson. Ni fu gan Huw T. erioed feddwl uchel o'r cyn-arweinydd Hugh Gaitskell, a fu farw'n ddisymwth ym 1963, a thybiai fod Wilson ar adain chwith y Blaid Lafur, er nad oedd hynny yn wir bellach. Bu buddugoliaeth Llafur yn galondid iddo ac felly hefyd sefydlu'r Swyddfa Gymreig a'i hen gyfaill, Jim Griffiths, yn Ysgrifennydd Gwladol cyntaf Cymru. Gan fod dylanwad aelodau seneddol gwladgarol fel Cledwyn Hughes a Goronwy Roberts ar gynnydd, tybiai fod gobaith y gallai'r Llywodraeth Lafur wireddu rhai o'i freuddwydion. Gallai hefyd obeithio dylanwadu ar y proses hwnnw.

Ymddiswyddodd Huw T. o Blaid Cymru yn Ionawr 1965, er iddo barhau i gyfrannu at ddyled etholiadol y Blaid yng Ngorllewin Fflint, ac er i weddill ei deulu barhau yn genedlaetholwyr pybyr. Ni chafodd ei dderbyn yn ôl gan gangen Yr Wyddgrug o'r Blaid Lafur a bu raid i'w hen gyfaill Cliff Prothero, ysgrifennydd y Blaid Lafur yng Nghymru, drefnu iddo dderbyn cerdyn aelodaeth. Ni dderbyniodd groeso brwd, felly, yn y Blaid Lafur ac nid oedd bellach, a benthyg disgrifiad Gwilym Prys Davies mewn llythyr at Jim Griffiths, 'yn rym yn y tir'.

Hawdd yw beirniadu Huw T. am ei anghysondeb ar faterion cenedlaethol, a haws o lawer yw canmol unplygrwydd rhai fel Saunders Lewis a Gwynfor Evans. Fodd bynnag, yr oedd awydd Huw T. i wasanaethu ei wlad cyn gryfed ag eiddo unrhyw Gymro. Yn ei achos ef, ceisiai ddylanwadu ar benderfyniadau y tu mewn i'r gyfundrefn wleidyddol, er nad oedd ganddo ffydd yn y gyfundrefn honno. Pan oedd yn aelod o'r Blaid Lafur, ac yn enwedig pan oedd y blaid honno mewn grym, ceisiodd weithredu o fewn terfynau yr hyn a gredai a oedd yn bosibl. Pan oedd yn gadeirydd Cyngor Cymru yn ystod teyrnasiad y Llywodraeth Geidwadol, yr oedd yn ofynnol iddo chwarae'r gêm wleidyddol yn ôl rheolau'r dydd. Yn y pen draw y trueni oedd mai dim ond dylanwad a oedd ganddo yn hytrach na grym gwleidyddol go iawn. Petai'r 'Prif Weinidog answyddogol' hwn wedi ei ethol yn Brif Weinidog swyddogol ei wlad ei hun, pwy a ŵyr beth fyddai tynged Cymru wedi bod?

DARLLEN PELLACH

John Davies, gol., *Cymru'n Deffro* (Tal-y-bont, 1981).

Huw T. Edwards, *It was my Privilege* (Dinbych, 1957).

Huw T. Edwards, *Troi'r Drol* (Dinbych, 1963).

Huw T. Edwards, *Tros F'Ysgwydd* (Dinbych, 1959).

Huw T. Edwards, *Tros y Tresi* (Dinbych, 1956).

Huw T. Edwards, Mathonwy Hughes, Gwilym R. Jones a Rhydwen Williams, *Ar y Cyd* (Y Bala, 1962).

Gwynfor Evans, *Seiri Cenedl y Cymry* (Llandysul, 1986).

Gwyn Jenkins, 'Keeping up with the Macs: the Devolution Debate of 1957-59', *Planet*, 82 (1990).

Gwilym R. Jones, *Dynion Dawnus* (Y Bala, 1980).

Peter Stead, 'The Labour Party and the Claims of Wales', *The National Question Again*, gol. John Osmond (Llandysul, 1985).